Ulrike Handke
Der Mutmacher

Ulrike Handke

Der Mutmacher
Ratgeber für den pädagogischen Berufseinstieg

Erweiterte Neuausgabe

 http://www.cornelsen.de

Bibliografische Information: Die Deutsche Bibliothek verzeichnet diese Publikation in der Deutschen Nationalbibliografie; detaillierte bibliografische Daten sind im Internet über http://dnb.ddb.de abrufbar.

Dieses Werk berücksichtigt die Regeln der reformierten Rechtschreibung und Zeichensetzung.

| 7. | 6. | 5. | 4. | € | Die letzten Ziffern bezeichnen |
| 07 | 06 | 05 | 04 | | Zahl und Jahr der Auflage. |

© 1997 Cornelsen Verlag Scriptor GmbH & Co. KG, Berlin
Das Werk und seine Teile sind urheberrechtlich geschützt. Jede Nutzung in anderen als den gesetzlich zugelassenen Fällen bedarf deshalb der vorherigen schriftlichen Einwilligung des Verlags.
Hinweis zu § 52 a UrhG: Weder das Werk noch seine Teile dürfen ohne eine solche Einwilligung eingescannt und in ein Netzwerk eingestellt werden. Dies gilt auch für Intranets von Schulen und sonstigen Bildungseinrichtungen.
Herstellung: Brigitte Bredow, Berlin
Umschlagentwurf: Bauer + Möhring, Berlin,
unter Verwendung einer Illustration von Klaus Puth
Illustrationen: Klaus Puth, 63165 Mühlheim
Satz: FROMM MediaDesign GmbH, Selters/Ts.
Druck und Bindung: Clausen & Bosse, Leck
Printed in Germany
ISBN 3-589-22076-7
Bestellnummer 220767

 Gedruckt auf säurefreiem Papier, umweltschonend hergestellt aus chlorfrei gebleichten Faserstoffen.

Inhalt

Zu diesem Ratgeber 7

Lehrer ...
sollen alles können 12

Der Anfang ...
ist wie Achterbahn★ 16

Hospitieren ...
öffnet die Augen 26

Mentoren ...
sind empfindliche Wesen 32

Schüler ...
sind anders, als man denkt 39

Die Lehrerpersönlichkeit ...
liegt nicht in der Wiege 47

Die Rolle des Lehrers ...
macht Schwierigkeiten 52

Gute Stunden ...
brauchen Inhalt und Methode★ 57

Präsenz ...
muss sein 72

★ Für diese Ausgabe wurden zusätzlich die so gekennzeichneten Kapitel geschrieben; alle anderen wurden überarbeitet.

Stress ...
gehört dazu 77

Krank sein ...
auch★ 89

Disziplinkrisen ...
sind schrecklich 97

Eltern ...
sind keine Feinde★ 110

Transparenz ...
reduziert Schwierigkeiten★ 118

Ideen ...
brauchen Offenheit 131

Vertretungen ...
werden von der Schulleitung angeordnet 134

Ausbilder ...
wissen manchmal auch etwas 142

Konkrete Utopie ...
steht nicht in den Sternen 147

Schlussbemerkung 155

Nachwort zur erweiterten Neuausgabe 156

Register 158

Zu diesem Ratgeber

*W*arum schreibe ich einen solchen Ratgeber? Mit welcher Kompetenz, mit welcher Absicht, für welche Zielgruppe? Gibt es denn nicht schon genügend Bücher über Pädagogik, Methodik, Didaktik, Schule, Lehrer, Referendare und Lehramtsanwärter? Ich denke: einerseits ja, andererseits nein. Wissenschaftliche und universitär geprägte Literatur zu dieser Thematik gibt es viel, aber mir sind bisher wenige Bücher begegnet, die den Alltag von Lehrenden direkt beschreiben, ihnen bei ihren akuten Sorgen und Nöten helfen. Viele Ausführungen beschäftigen sich mit grundsätzlichen Theorien, wenige aber damit, was man gleich morgen tun könnte, um besser über die Runden zu kommen. Diese Ebene liegt jenseits aller wissenschaftlichen Theorien.

Gleich zum Letzten: Ich bezweifle, dass Sie dieses „Werk" in irgendeiner Literaturliste verwenden können. Es erhebt nicht den allergeringsten Anspruch auf Wissenschaftlichkeit oder Objektivität, was auch immer das im pädagogischen Bereich bedeuten mag. Ich bin seit mehr als 25 Jahren im Geschäft und denke, ich weiß, wovon ich rede. Ich kenne alle Schultypen, besonders gut die deutsche Gesamtschule. In Großbritannien habe ich als Austauschlehrerin unterrichtet und in Neuseeland fünf Jahre lang als Fachberaterin mehr als hundert Schulen betreut. Ich habe dort und hier als Trainerin gearbeitet. Ich hatte so das Privileg, völlig andere Schul- und Lernkulturen kennen zu lernen. In Neuseeland arbeiten die Schulen z. B. kundenorientiert. Transparenz und Rechenschaftslegung der Schulen, die sich meist ausdrücklich als „community schools" definieren, sind selbstverständlich. Vielfalt wird nicht nur toleriert, sondern geschätzt, Homogenität der Lerngruppen als eher nachteilig gesehen, das Individuum in seiner Besonderheit und der Besonderheit seiner Lernwege explizit geachtet. Kurz, ich denke, dass ich zumindest zum Thema „Schule und Unterricht" einen gewissen Überblick gewonnen habe, und habe von daher meinerseits den Mut, Ihnen einen Rat zu geben. Ich möchte für Sie aufschreiben, was nach meinen Erfahrungen im In- und Ausland, im Westen und Osten der

Stadt Berlin als Mentorin, Fachbereichsleiterin und Fachseminarleiterin ein Praktikant, ein Lehramtsanwärter, ein Referendar, ein Wiedereinsteiger, aber genauso gut jeder langjährige Praktiker wissen und auch im Herzen bewegen sollte und worüber die einschlägigen Didaktiken und Fachdidaktiken selten Auskunft geben. Es ist das, was ich im günstigsten Fall bei einer Tasse Kaffee vor dem ersten Schultag oder gelegentlich in einer Pause erzähle. Aus den ungläubigen, staunenden, ja auch entsetzten Gesichtern meiner bisherigen Zuhörer habe ich geschlossen, dass solche Inhalte im Studium und in weiteren Ausbildungsabschnitten nicht vermittelt wurden. Es geht um Verhalten, um Einstellungen, um das Überspringen von Fettnäpfen, um Schadenvermeidung und -begrenzung. Sie finden hier kein methodisch-didaktisches Schwergewicht vor – schwer haben Sie es schon genug.

Mir geht es mehr um die „Basics", die den Unterbau für das liefern, was Sie in Zukunft machen wollen: vernünftigen Unterricht. „Basics" sind oft trivial. Ihr intellektueller Wert ist gering, ihr Überlebenswert dagegen hoch.

Als erfahrene Kollegin will ich versuchen, Ihnen in aller Ehrlichkeit Fragen zu beantworten, mit denen Sie sich wahrscheinlich schon jetzt herumschlagen oder demnächst herumschlagen werden: Warum sind meine Kollegen so, wie sie sind? Bin ich überhaupt eine Lehrerpersönlichkeit? Wenn nicht, kann man das erlernen? Hat es überhaupt Sinn, dass ich Lehrer werde? Was soll ich anziehen? Was sage ich in wörtlicher Rede zu den Schülern? Was sind das überhaupt für Menschen? Warum sind sie bei anderen ruhig und bei mir nicht? Was sage ich bloß, wenn Eltern anrufen? Bin ich eine „Niete", wenn ich krank werde? Wie schaffe ich es, Leute zu finden, mit denen ich zusammenarbeiten kann? Wie rede ich mit dem Hausmeister? Wieso fällt mir nichts ein? Woher bekommen andere ihre guten Unterrichtsideen? Etc.

Dieser Ratgeber ist kein Ersatz für Unterrichtskonzepte – ohne die geht es nicht. Aber ich kann Ihnen vielleicht ein bisschen das Händchen halten und Ihre Ausgangslage verbessern. Ich bin nicht der Auffassung, dass jeder sein persönliches und pädagogisches Waterloo erleben muss. Es ist einfach nicht nötig, dass Leute vermeidbare Fehler machen und es ihnen lange schlecht geht, nur weil keiner jemals Klartext mit ihnen redet. Natürlich kann man Erfahrungen schwer vermitteln, natürlich ist alles subjektiv, aber dennoch ... Unser Beruf lebt nun mal vom Prinzip Hoffnung!

Die leidige Gretchenfrage, in welcher geschlechtlichen Form ich dieses Werk verfassen soll, möchte ich nicht beantworten und werde es so handhaben, wie es kommt. Jedes Mal „Lehrerinnen und Lehrer" zu schreiben ist mir zu aufwändig, „LehrerInnen" zu ideologisch und künstlich, neutral wäre „das Lehrerlein", aber das erinnert mich zu stark an „das Urmel" und trifft somit nicht den ernsten Sachverhalt. Vielleicht wird es Leute geben, die genau auszählen möchten, wie oft ich in welcher Situation welche Form benutze – die dürfen das gerne tun! Für die Schülerinnen und Schüler, alle Kolleginnen und Kollegen, Schulleiterinnen und Schulleiter etc. trifft meine nachlässige Bequemlichkeit natürlich auch zu.

Und nun zu Ihnen, lieber Leser!

Ich stelle Sie mir als interessierten Lehrer vor, der für sich und seinen Beruf weiterlernen will, was ja eigentlich in unserem Beruf selbstverständlich sein sollte, aber leider nicht ist. In anderen Berufen ist das so: Ich wäre jedenfalls sehr befremdet, wenn mir mein Zahnarzt mit einem 20 Jahre alten Ordner in der Hand Amalgam in die Lücken stopfte und würde schleunigst die Praxis wechseln.

Nun gibt es unter uns eine Gruppe, die Lehramtsanwärter oder Referendare, die „von Amts wegen" zum Lernen über Unterricht verpflichtet sind. Da sie zusätzlich am Berufsanfang stehen, ist hier der größte Gewinn zu erzielen, wenn die gröbsten Fehler vermieden werden. Ich wähle deshalb im Folgenden schwerpunktmäßig die Optik dieser Gruppe, was bis auf wenige sehr spezifische Dinge wie „Hospitieren" und „Ausbilder" aber nicht im Geringsten die Relevanz meiner Ausführungen auch für den gestandenen Praktiker mindert. Der Lehrer, der glaubt fertig zu sein, ist im wahrsten Sinne fertig. Die Optik des Berufsanfängers hat auch den Vorteil, dass alle Facetten schulischer Abläufe beleuchtet werden können. Seien Sie also willkommen, lieber Berufsanfänger!

Keiner wird Sie beneiden und viele werden viel von Ihnen erwarten: In einer Zeit, in der sich die Informationsmenge alle paar Jahre verdoppelt, in einer Zeit, die voller Bewegung ist, wird es Zeit für die

Schule, sich zu verändern. Wer soll daran mitarbeiten, wenn nicht Sie? Junge Lehrerinnen und Lehrer sind in den meisten Schulen in der Minderzahl. Je nach gesellschaftlichem Klima werden Sie Exoten oder Hoffnungsträger sein. Fest steht, wir brauchen Sie dringend! Sie haben eine große Verantwortung. Die Rolle der Schule und die der Unterrichtenden ist neu zu definieren. Sie können die notwendige Bildungsreform fordern und befördern und sollten die großflächig bestehende Lethargie nicht hinnehmen.

Sie werden es nicht leicht haben. Sie finden eine Schule vor, die seit Jahrhunderten den gleichen grauen Anstaltskittel trägt, die nach einem militärischen Vorbild in streng getrennte Jahrgangsgruppen gegliedert ist und von Ordnung und Disziplin träumt. Auch Sie werden davon träumen – in dieser Organisationsform bleibt einem ja auch nichts anderes übrig. Obwohl alle Welt von Projekten spricht, werden Ihre Schüler fließbandähnlich alle 45 Minuten mit völlig unabhängigen Wissenshäppchen konfrontiert, obwohl in jeder ernst zu nehmenden Stellenanzeige Teamfähigkeit verlangt wird, geht es hier streng um die Einzelleistung, die durch „Vorsagen" und „Hilfen" gewaltig geschmälert wird, und obwohl Sie von dem Wert ganzheitlicher Lernmethoden gehört haben, werden Sie oft nur Tafel, Kreide und eventuell ein Buch vorfinden. Und wenn Sie mit pädagogischen Ideen schwanger gehen und auf den Rat und die Unterstützung Ihrer Kollegen zählen, werden Sie Mühe haben, in die Gespräche über schöne Reisen und teures Essen, dumme Schüler und schlechte Bücher, über Zipperlein, Kuren und Beihilfeanträge eine Bresche zu schlagen. Aber: Nicht alle älteren Kollegen sind unkreativ und festgefahren.

Sie werden Mut, Energie und Offenheit brauchen, dies alles am besten in Verbindung mit einem gnadenlosen Optimismus – am Anfang ganz besonders und dann durchgehend die nächsten paar Jährchen bis zur Pensionierung.

Welcome to the Club!

Ich bedanke mich!

So ein Ratgeber entsteht nicht im inneren Dialog. Er ist Produkt und Ausdruck beruflicher Kommunikation. Ohne „die anderen" hätte ich ihn weder schreiben können noch wollen.

Ich bedanke mich bei meinem Mann Matthias, der mir in unzähligen Gesprächen interessiert zuhörte, weiterhalf und durch langjährige Tätigkeit in der Industrie die Perspektiven eines Nicht-Beamten und Nicht-Lehrers einbrachte, bei meiner Tochter Lisa, die viel Verständnis und Interesse für das „Hobby" ihrer Mutter aufbrachte und Anregungen aus der Schülerperspektive einbrachte, bei meinen Freunden und Kollegen der Bettina-von-Arnim-Oberschule in Berlin, die das Geschriebene trotz ihrer Arbeitsbelastung lasen, mir Mut machten und wichtige Hinweise gaben, bei Hans, den Barbaras, bei Karin, Gudrun, Lutz und Gunhild, bei Jutta und Wolfgang, die akribisch Korrektur lasen und auf einen minimalen linguistischen Standard achteten, bei Prof. Kledzik, der meine Ausführungen an seiner umfassenden Berufserfahrung überprüfte, ein Nachwort schrieb und sich für eine erste Veröffentlichung einsetzte, bei den Kolleginnen und Schulleiterinnen, die ich in der Ausbildung traf, bei allen Fachseminarteilnehmern, die durch die offene und mutige Darstellung ihrer Schul- und Unterrichtsprobleme die Basis für diese Ausführungen bereitstellten, bei meinen „Ehemaligen" Julia und Jessica, die für diese zweite Ausgabe nicht nur neuen Mut, sondern auch wertvolle Verbesserungsvorschläge machten, bei meiner verstorbenen Freundin Dorothea, die meine Ausbilderin war, und nicht zuletzt bei den vielen Schülern, die ich bisher kennen gelernt habe und die mich überzeugt haben, dass sie ein Anrecht auf gute Lehrer haben.

Ulrike Handke Berlin, im Mai 2004

Lehrer ...
sollen alles können

Sie haben schon einige von ihnen gesehen. Einige aus der Gruppe, zu der Sie nun auch gehören, die das sind, was Sie jetzt schon ein bisschen sind beziehungsweise was Sie werden möchten (unbefristet beamtet zum Beispiel). Sie haben auch diejenigen gesehen, die nicht so sind, wie Sie sind oder sein möchten. Schon sind Ihnen Zweifel gekommen, ob Sie Mitglied in diesem Club sein wollen. Schon haben kleine Männchen in Ihrem Ohr geflüstert: „Der sieht man ja die Lehrerin auf 200 Meter Abstand an!", oder: „Ob ich auch mal so werde wie der da drüben?"

Sie haben vielleicht schon in Lehrerzimmern gesessen, in denen jeder der humanistisch gebildeten Anwesenden an intellektueller Zungenfertigkeit Reich-Ranicki übertreffen wollte, oder in solchen, wo das Fallen einer Masche in dem Reinbaumwollnen mit Muschelmuster einer Sensation gleichkam. Sie haben Gespräche gehört, die Sie unendlich langweilig fanden, und solche, die Ihnen die Haare zu Berge stehen und Sie schwören ließen, dass Sie nie, nie so über Schüler reden würden. Sie haben sich schon nichts ahnend auf Stühle gesetzt, die Ihnen – wie die Reaktion des zur Pause Heimkehrenden zeigte – rein rangmäßig nicht zustanden, oder sind mitleidig gefragt worden, ob Sie neu wären. Irgendwie peinlich, diese Frage, besonders, wenn die rührend magere Antwort „ja" von Schülern mit viel sagendem Blick kommentiert wird. Viel sagend stimmt meist übrigens nicht – die reine Projektion! So wichtig sind Sie denen gar nicht. Tröstet Sie das? Nicht? Verstehe ich.

Sie haben Ihre zukünftigen Kollegen gesehen, ohne sie auf der Straße wiedererkennen zu können. Manche wirken selbstbewusst, manche fröhlich, manche gedrückt, andere wichtig, die meisten sehr beschäftigt. Alle gehören dazu in diesem Laden, in dem Sie sich vielleicht noch wie ein Kunde fühlen, wohl wissend, dass sich diese Rolle bald ändern wird. Sie haben sich gefragt: „Woran erkennt man die

guten Lehrer? Sind es die lauten oder die mit dem sorgenvollen Gesicht?" Sie halten nach den signifikanten Merkmalen Ausschau. Zu Recht! Wenn schon Lehrer, dann wenigstens gut!

Über die Eigenschaften guter Lehrer wissen alle Bescheid, alle hatten mal mit Lehrern zu tun, alle sind Experten. Entsprechend werden Ansprüche und Erwartungen formuliert: Gute Lehrer sind risikobereit und solide, Vorbilder und Impulsgeber, aufgeschlossen, gut gelaunt und locker. Kompetent greifen sie zu Wandergitarre und PC-Maus und maulen nicht, wenn sie sich als Teilnehmer einer Dienstreise schlaflos auf selbst bezahlten, durchgelegenen Jugendherbergsbetten wälzen. Sie verfügen über eine natürliche Autorität und ein beeindruckendes Charisma – Merkmale, die bei Führungskräften in Wirtschaft und Politik nicht so unbedingt zu finden sind. Gute Lehrer sind Menschen, die bei allem Verständnis für die Jugend auf Grund ihrer moralisch und ethisch hoch stehenden Charaktere der Jugend gütig Grenzen setzen, traditionelle Rollen verlassen und neue vorleben und denen es ebenso selbstverständlich ist, demokratische Werte zu vermitteln, wie Apfelkuchen aus Vollkornmehl zu backen. Intrinsisch motiviert ist ihnen ihr Beruf nicht Job, sondern echte Berufung. Kurz, sie sind einfach wunderbar.

Toll, was? Der kleine Schönheitsfehler besteht nur darin, dass sie eben nicht andauernd gut sind, dass sie immer wieder versagen und das Volk, das sie bezahlt, enttäuschen. Sie weigern sich frohgemut, gesellschaftliche Fehler zu beheben, klagen, meckern, spielen gar nachmittags Tennis, beleben als diskussionswürdiger Berufsstand die Medien in der Sommerzeit und hin und wieder aus gegebenem Anlass auch mal zwischendurch und sind meist auch gar nicht wunderbar, sondern relativ normal, denn sie sind hinsichtlich ihres Studiums keinerlei Selektion unterzogen worden. Alle können bei uns im Prinzip Lehrer werden, also handelt es sich hier nicht um eine Population, die sich z. B. durch persönlichen Mut oder kommunikative Kompetenzen auszeichnet. Sie sind alles, was andere Bevölkerungsgruppen auch sind, ein bisschen eigen vielleicht und bei zunehmendem Alter auch zunehmend merkwürdig, aber das sind alternde Buchhalter, Zahnärzte, Polizisten, Zoowärter oder Busfahrer mit Sicherheit ebenfalls. Zudem muss man – zumindest bei den Mittelstufenlehrern – zu ihren Gunsten vermerken, dass es wahrscheinlich ungesund ist, das gesamte Erwachsenenleben mit Pubertierenden zu verbringen. Und wenn – wie es im Augenblick in vielen Oberschulen der Fall ist – ganze Kollegien kollektiv Midlifecrisis und Wechseljahre ansteuern, während ihre akne- und hormongeplagten Schüler über die Schnürsenkel ihrer halboffenen Markenturnschuhe stolpern, ist das vielleicht einfach auch nicht besonders kompatibel.

Sehen Sie sich Ihre Kollegen gut an in den nächsten Wochen und Monaten! Die Distanz wird schwinden, Sie werden sich dazugehörig fühlen, wenigstens zu einem Teil dieses Kollegiums. Aber vergessen Sie nicht – nie wieder wird Ihr Blick so klar, so offen, so ungetrübt und so wenig betriebsblind sein wie jetzt. Nutzen Sie diese Distanz, speichern Sie Bilder und Eindrücke!

In diesem Stadium ist solch eine Schule wie ein Aquarium: Alle möglichen Typen ziehen an Ihnen vorbei. Da sind die Sorgenvollen, die Bedenkenträger, die Mausgrauen, die betont Nicht-Mausgrauen, die Selbstgestrickten und die Gestylten, die 50-jährigen Pubertierenden mit Fransenjacke und Cowboystiefeln, die Kumpel, die „Muttis" und die Väterlichen, die Surfer, die mit Lederkluft und Helm, die Geranienzüchter und die Null-Probleme-Typen. Wenn es schön bunt ist, haben Sie Glück. Umso leichter wird es für Sie sein, sich dort irgendwie zu integrieren.

Staunen Sie, gucken Sie und vor allem: Lassen Sie auch Zweifel an Ihrer Entscheidung zu! Zweifel sind kein schlechtes Benehmen. Wer nie daran zweifelt, ein guter Lehrer zu sein oder zu werden, ist ein schlechter Lehrer! (Mehr dazu im Kapitel „Lehrerpersönlichkeit".)

Der Anfang ...
ist wie Achterbahn

*E*s geht los! Es ist kein Film mehr. Die Bobachtungszeit nimmt ab zu Gunsten realen Mitwirkens auf der Bühne. Plötzlich sitzen Sie in Dienstbesprechungen, Konferenzen, Teamsitzungen und im Unterricht. Eindrücke und Informationen prasseln auf Sie ein – ganz viel und ganz schnell. Leute erklären Ihnen wichtige Dinge. Nach einem Tag können Sie sich noch nicht mal mehr erinnern, wo der Raum war, in dem das Gespräch stattgefunden hat. Die Inhalte haben Sie wahrscheinlich sowieso sehr bald wieder vergessen. Wenn Sie denken, dass Sie sich aus dem Wust der Informationen eine kleine Lerninsel gebastelt haben, stellen Sie im nächsten Moment fest, dass es um Ihr Eiland herum jede Menge Sümpfe und unwegsames Gelände gibt. Das ist unangenehm, aber normal!

Auch wenn Sie einen anderen Eindruck haben: Kein Mensch erwartet von Ihnen, dass Sie den Sprung von null auf hundert schaffen und dass Sie innerhalb weniger Wochen ein perfekter Lehrer werden! Sie sind jetzt an dieser Stelle Ihres Lebens und Ihrer Ausbildung angekommen, um etwas Neues zu lernen. Dinge nicht zu wissen oder auszuprobieren, ist Ihr gutes Recht!

Das Gute an dieser Situation, die sich für Sie überhaupt nicht gut anfühlt, ist auch, dass es ein exemplarisches Lernerlebnis ist, das Ihnen später wieder größeres Verständnis für die Situation der Schüler vermitteln kann. Neu und unwissend zu sein ist schwer, aber gut für den Charakter und eine geradezu ideale Erfahrung für Lehrer!

Das Vertrackte an der Situation ist, dass Sie gleichzeitig in der Schülerrolle und in der Rolle der wissenden Lehrerin sind – für die Schüler nämlich. Die denken natürlich, dass jeder, der als Erwachsener auf dem Gelände herumläuft, „zur Regierung gehört" und Bescheid weiß. Ich kann mich durch zwei Auslandsaufenthalte an diese Situation gut erinnern. Von einem Moment zum anderen durchläuft man (der gerade ein erfolgreiches Studium hinter sich hat oder im vertrauten Bereich wissend und erfolgreich war) eine Metamorphose vom Wissenden zum Unwissenden, soll aber von der Rolle her wissend sein. Ich fühle mit Ihnen, denn ich habe das schon dreimal erlebt: als junge Frau (ich hatte im ersten Staatsexamen nur Einsen und stellte mich in der Schule an wie die letzte Idiotin – siehe Kapitel „Lehrerpersönlichkeit"), als Austauschlehrerin in Manchester, wo man mir noch nicht mal zutraute, die Arbeitsbögen richtig abzuzählen, und nach einer einigermaßen erfolgreichen Schulkarriere im fortgeschrittenen Alter in Neuseeland. Dort kam ich als *National Advisor for German* an und erhielt an meinem ersten Tag im Büro dutzendweise Anrufe von Menschen, die mit einem gewissen Recht annahmen, dass ich sie beraten könnte. Weder wusste ich, wovon sie redeten, noch konnte ich ihnen helfen. Seitdem habe ich in jeder Situation ein Herz für „Neue". Vielleicht können Sie sich Ihre jetzigen Erlebnisse für die Zukunft bewahren und schon in einem Jahr eine ganz wichtige Hilfe für die „Nachrücker" werden.

Und da sind wir gleich bei dem einzigen Schlüssel zu Ihrem Problem: Die anderen, die in der gleichen Rolle sind wie Sie. Das sind Ihre Kolleginnen und Ihre Schulleitung und die Menschen, die Sie in Ihrer Ausbildungssituation, also in den Seminaren, treffen.

Es gibt dazwischen noch eine andere sehr wichtige Gruppe, das so genannte Personal. Jetzt ist die Zeit, den Hausmeister aufzusuchen.

„Make friends with the caretaker!" wurde mir als eine der ersten Regeln vor Diensteintritt an einer englischen Schule mit auf den Weg gegeben. Das gilt auch hier. Erzählen Sie dem Herrn, dass Sie hier neu sind, wie Sie heißen und dass Sie sich in Notfällen doch sicher an ihn wenden können.

Die Sekretärin haben Sie bereits kennen gelernt, fragen Sie dort unbedingt nach einer Telefonliste des Kollegiums, kündigen Sie auch dort an, dass Sie eventuell Hilfe anfordern werden! Kaum ein Mensch kann widerstehen, wenn sein Rat und seine wie auch immer geartete Erfahrung gefragt ist. Es ist empfehlenswert, diese Damen und Herren nicht wie Personal zu behandeln, sondern ihnen als Kolleginnen und Kollegen gegenüberzutreten, die sie ja auch letzten Endes sind.

Erkunden Sie den Standort des Fotokopierers (vielleicht auch nur des Umdruckgerätes). Sie brauchen ihn schneller, als Sie denken. Im Übrigen ist der Fotokopierer an einer Schule so etwas wie ein modernes Lagerfeuer – hierher kommen alle. Auch hier können Sie Ihre Kollegen gut kennen lernen. Sagen Sie einfach, dass Sie Zeit haben und andere vorlassen können, und schon ergibt sich Gelegenheit für wunderbare Verhaltensstudien.

Bezüglich der Kollegen in der Schule ist zu beachten:
1. Sie können nicht davon ausgehen, dass die anderen wissen, was Sie nicht wissen, aber unbedingt wissen sollten. Viele alte Hasen haben keinerlei Vorstellung mehr davon, wie es ist, neu zu sein. Sie nehmen von so genannten Selbstverständlichkeiten an, dass die Ihnen auch selbstverständlich sind. Diese Annahmen geschehen nicht aus Bosheit, sondern weil viele Kolleginnen und Kollegen sich selber schon lange nicht mehr neuen Situationen anpassen mussten.
2. Sie können davon ausgehen, dass die allermeisten Kollegen durchaus bereit sind, Ihnen zu helfen, aber nicht davon, dass diese Kollegen Zeit für Sie haben, und auch nicht davon, dass sie alle methodisch-didaktisch auf dem letzten Stand der Dinge sind. Also ist es an Ihnen, hilfreiche Personen zu orten.

Wie tut man das?

Am interessantesten können diejenigen Kollegen sein, die vor nicht allzu langer Zeit an der Schule angefangen haben und die sich in Ihre Lage hineinversetzen können. Es können aber auch Altgediente sein, die mit Ihnen in irgendeinem Arbeitszusammenhang stehen – anleitende Lehrer, Fachbereichsleiter, Leiter von Arbeitsgruppen.

Versuchen Sie, in den Pausen und bei Konferenzen Personen zu finden, die Sie in das schulische Leben einführen. Neulich sagte mir eine neue Kollegin, dass ihr am meisten geholfen hat, dass sie in einer Konferenz (wir sind ca. 150 Kollegen) neben jemandem sitzen konnte, der geduldig ein „Who is who?" abgab, während Kolleginnen ihre Redebeiträge abgaben. So erfuhr sie, wer die Elternvertreter, wer die Fachbereichsleiter sind, wer immer was zu sagen hat, wer was zu melden hat, wer innovativ ist, wer weniger, wer welche Position in Konflikten vertritt etc.

Manchmal ist das Profanste das Schwierigste. Wie findet man zum Beispiel in den Pausen und bei Konferenzen einen geeigneten Platz? Was soll man machen? Soll man sich allein setzen oder sich mit den anderen Neuen zusammentun, die auch nichts wissen? Schwierig. Als

ich Austauschlehrerin war, hatte ich in den ersten Wochen das Problem, dass ich noch nicht mal im Lehrerzimmer wusste, neben wen ich mich setzen sollte und mit wem ich reden konnte. Alle saßen in Cliquen, alles war voll. Das Problem verschärfte sich, als mich ein zugegeben merkwürdiger (aber wenigstens freundlicher) Kollege ansprach, mit dem ich mich ein paar Mal unterhielt. Nach Wochen des Leidens, in denen ich schon erwog, mein Pausenbrot im Klassenzimmer zu essen, raffte ich meinen Mut zusammen (das Wort Sozialkompetenz gab es damals noch nicht) und sprach eine Kollegin an, die den Fachbereich Französisch betreute und ein freundliches Gesicht hatte. „Kann ich in den Pausen neben dir sitzen?", fragte ich wie eine Sechsjährige. Ich fand das alles ziemlich schwierig – immerhin war ich schon achtunddreißig Jahre alt und Fachbereichsleiterin an meiner deutschen Schule. Aber es lohnte sich: Von da an ging es bergauf. Natürlich kam heraus, dass keiner mein Problem erkannt hatte, obwohl ich es offensichtlich und himmelschreiend fand (dafür hatten einfach alle viel zu viel zu tun), und dass man aus der Tatsache, dass ich mich mit einem „Merkwürdigen" unterhalten hatte, geschlossen hatte, dass ich wahrscheinlich auch ein bisschen komisch sei.

Also, fassen Sie sich ein Herz! Fragen Sie, wo Sie sich hinsetzen können – allein schon, damit Sie nicht aus Versehen auf dem Stammplatz von Kollegen Müller Platz nehmen. Vertrauen Sie sich jemandem an! Bilden Sie Allianzen, aber keine unheiligen: Lassen Sie sich keinesfalls in irgendwelche Lager hineinziehen. Viele Kollegien haben ein paar Leichen im Keller, die sich während der Jahre angesammelt haben. Viele Konflikte haben eine Historie. Ergreifen Sie nicht Partei in Dingen, von denen Sie keine Ahnung haben. Sie haben ja das beste Argument: Sie sind neu, Sie wollen erst mal alles kennen lernen und sich gründlich informieren. Seien Sie einfach zu allen freundlich, sehen Sie sich alles in Ruhe an, ohne Stellung zu beziehen. Sie müssen nicht gleich zu allem eine Meinung haben!

Am Anfang geht es meist einigermaßen locker los. Sie hospitieren, Sie lernen Unterricht kennen. Das ist zunächst harmlos, es lohnt sich aber, hier gleich voll loszulegen, damit Sie dann, wenn das Rennen losgeht, einen informierten Vorsprung haben. Machen Sie sich eine Checkliste, die Sie immer bei sich tragen und bei Gelegenheit abarbeiten. Wenn Leute keine Zeit haben, Ihre Fragen zu beantworten, fra-

gen Sie sie, wann sie Zeit hätten, und machen Sie einen Termin aus.
Fragen für die Checkliste könnten sein:
- Wo bekomme ich die Schlüssel (Toiletten, Lehrerzimmer, Klassenzimmer, Fachräume)?
- Wie funktioniert das mit dem Fotokopierer? Wie viele Kopien darf man machen? Gibt es eine Geheimzahl? Gibt es eine Druckerei? Wie sind die Bedingungen für das Drucken? Wie viele Tage im Voraus muss man die Vorlagen abgeben?
- Woher bekomme ich die Telefonliste des Kollegiums?
- Gibt es Klassenlisten?
- Woher bekomme ich den Terminplan der Schule?
- Wo und wie werden Klassenarbeiten eingetragen?
- Wer sind die für mich relevanten Klassenleiter, Jahrgangsleiter, Fachbereichsleiter?
- Wie werden die Noten ermittelt? Wie viel zählt Mitarbeit, wie viel die Klassenarbeit?
- Wo werden Schülerdaten aufbewahrt? Wie finde ich Telefonnummern von Schülern heraus?
- Wie ist der übliche Weg, wenn Schüler auffällig werden? Wer ruft wen an?
- Gibt es Merkhefte/Hausaufgabenhefte?
- Wo finde ich Dinge wie Rahmenpläne und Ausführungsvorschriften (über Hausaufgaben, Klassenarbeiten, Wandertage). Sie müssen das nicht alles lesen – es ist aber gut zu wissen, wo man im Bedarfsfall nachsehen kann.
- Wo finde ich Papier, Bücher, Arbeitshefte und andere Arbeitsmaterialien?
- Gibt es ein Schulprogramm?
- Gibt es eine Beschreibung der Schule – z. B. für die Eltern.
- Gibt es Projekte und Arbeitsgruppen zu schulinternen Themen? Kann ich daran teilnehmen? Wer leitet diese Gruppen?
- Sind Klassenreisen/Exkursionen geplant? Kann ich daran teilnehmen?

Sie sollten diese *Basics* so schnell wie möglich klären, damit Sie nicht als Unwissender dastehen und zumindest in etwa Ihrer Führungsrolle nachkommen können, wenn Sie mit den Schülern in Kontakt treten.

Wissen ist Macht. Trotzdem wird es zu Situationen kommen, wo Sie sinngemäß sagen müssen: „Ich möchte dazu in Augenblick nicht Stellung beziehen. Ich werde euch/dir/Ihnen morgen mitteilen, wie wir weiter verfahren." Dann haben Sie einen halben Tag, um sich kundig zu machen.

Keinesfalls empfiehlt es sich, sich bei den Schülern anzubiedern oder Demutshaltungen einzunehmen: „Ich verstehe euch, dieser Unterricht ist wirklich nur langweilig!" oder in Wort und Haltung zu signalisieren: „Ich bin neu und doof, bitte tut mir nichts, dann tue ich euch auch nichts." Dann muss man sich nicht wundern, wenn man im Klassenverband umgehend die Rolle eines Beta-Tieres zugewiesen bekommt, was das spätere Unterrichten wiederum sehr erschwert. Gar nicht hilfreich ist, wenn Sie von dem unterrichtenden Lehrer vorgestellt werden als: „Das ist Frau X. Sie hat ihre Prüfung noch nicht. Sie muss noch lernen!" Eventuell können Sie die Vorstellung mit dem Kollegen absprechen: „Ich stelle mich vielleicht am besten selber vor?!"

Zum neuen „Herrschaftswissen" gehört unabdingbar, dass Sie so bald wie möglich die Namen der Schüler lernen, die Sie unterrichten werden. Die Kenntnis der Namen macht den Unterschied überhaupt. Wenn Sie kein gutes Namensgedächtnis haben, kann die Kamera helfen. Fotografieren Sie Ihre Schüler und lassen Sie von einem zuverlässigen Schüler die Namen von links nach rechts darunter schreiben, oder fotografieren Sie sie einzeln. Sitzpläne mit Namen können auch helfen. Es kann aber sein, dass die Schüler sich umsetzen – mit Absicht oder ohne – in jedem Fall werden Sie ausgelacht, wenn Sie Susanne mit Marina ansprechen.

Ihre Rolle im Seminar wird Ihnen einfacher und auch vom Studium her gewohnter vorkommen. Hier sitzen alle im selben Boot. Der Unterschied zum Studium sind die teilweise existenziellen Erfahrungen des Praxisschocks und die damit oft verbundenen Selbstzweifel. Lassen Sie sich nicht in einen negativen Sog mitreißen. Es gibt „erfahrene" Referendare, die es lieben, den „Neuen" zu erzählen, dass die Ausbildung die Hölle sei, dass sie sich gar nicht vorstellen könnten, welche Qualen noch vor ihnen lägen, weil sie sich ja erst in der Vorhölle befänden. Sie sind das Pendant zu den lieben älteren Kollegen an Ihrer Schule, die Sie fragen, ob Sie wirklich diesen unsagbar furchtbaren Beruf ergreifen würden und ob Sie schon wüssten, wie hoch die

Eigenbeteiligung bei der Beihilfe sei. Machen Sie bei diesen Leuten die Ohren zu. Sie erinnern mich an die netten Frauen, die mir während meiner Schwangerschaft genüsslich alle Einzelheiten ihrer längst überstandenen grauenhaften Geburtswehen mitteilten. Es gibt auch andere, die Ihnen glaubwürdig versichern werden, dass der Ihnen unmittelbar bevorstehende Lebensabschnitt nicht nur ein Jammertal ist. Suchen Sie Gleichgesinnte, die Ihre positive Grundeinstellung teilen. Bilden Sie kleine Selbsthilfegruppen. Ich habe vor nicht langer Zeit zwei Jahre lang eine Fachseminargruppe betreut, in der jedes Mitglied außerordentlich erfolgreich war. In erster Linie schreibe ich das der Tatsache zu, dass diese Gruppe überwältigend ehrlich und offen mit Problemen umging, dass alle absolut freigebig und großzügig Materialien und Ideen teilten und jederzeit verständnisvoll, mitfühlend und hilfsbereit waren, wenn es einem Mitglied schlecht ging. Es war ein Netzwerk, zu dem mir nur das Wort „Synergy" einfällt, und ich will nicht verhehlen, dass ich von und mit dieser Gruppe auch sehr viel gelernt habe. Diesem gemeinsamen Lernabenteuer konnte man sich einfach nicht entziehen. Dies ist der positive Sog, den Sie suchen sollten. Nicht alle Gruppen sind so zusammengesetzt, dass dieser Idealfall möglich ist, aber in allen Gruppen wird es Leute geben, die mit Ihnen ein Netzwerk bilden können.

In Kurzform hier die in meinen Seminaren von Ihren Vorgängern gesammelten *Dos* und *Don'ts* für den Anfang.

Was Sie tun sollten:
- Beobachten Sie viel und gründlich. Seien Sie neugierig.
- Respektieren Sie die Tatsache, dass Ihre Kollegen nicht „allzeit bereit" sind. Sie haben volle Stundenpläne und sehr viel zu tun. Sie sind oft müde, überfordert und desillusioniert und die Beantwortung Ihrer Fragen erscheint manchem als lästige Mehrarbeit.
- Finden Sie aktive und gut gelaunte Kolleginnen heraus und suchen Sie deren Nähe.
- Machen Sie Termine mit Kollegen aus, wenn Sie mehr als eine Frage beantwortet haben möchten.
- Machen Sie sich eine Checkliste (s. o.) und klären Sie die *Basics*, bevor Sie vor der Klasse stehen.
- Denken Sie sich ein System aus, die Namen der Kollegen und Schüler zu lernen.

- Markieren Sie sich auf den Listen die Leute mit für Sie wichtigen Funktionen.
- Signalisieren Sie Schulleitung und Kollegen, dass Sie grundsätzlich an allem interessiert sind, aber sagen Sie noch nicht überall zu – Sie kennen die Terminpläne der Seminare und Zusatzkurse ja noch nicht.
- Zeigen Sie Begeisterung oder sagen Sie zumindest mal etwas Positives.
- Bieten Sie Hilfe bei Klassenreisen oder Exkursionen an.
- Bieten Sie Hilfe bei den Dingen an, in denen Sie viel fitter sind als Ihre Kollegen (Internetrecherchen, moderne Technologie, praktisch einsetzbares Material aus den Seminaren).
- Wenn es Probleme oder Fragen gibt, sprechen Sie diese gleich und möglichst sachlich an.
- Schreiben Sie sich Ihre Gedanken auf (Ein Lerntagebuch ist eine gute Idee für Schüler, aber vielleicht auch für Sie?).
- Nehmen Sie Anwürfe nicht persönlich. Fast immer sind nicht Sie gemeint, sondern die Rolle, die Sie jetzt einnehmen (die Lehrerin, der Lehrling, die Neue).
- Üben Sie sich schon jetzt in Selbstorganisation und legen Sie sich Ordnungssysteme für die kommende Papier- und Informationsflut an. Es wird noch schlimmer!
- Spenden Sie etwas für die Kaffeekasse, backen Sie einen Kuchen oder bringen Sie die von Weihnachten übrig gebliebenen Süßigkeiten mit. (In Lehrerzimmern wird alles ganz schnell aufgegessen.)

Was Sie lieber lassen sollten:
- Werten Sie nicht alles gleich – stellen Sie erst einmal fest.
- Ergreifen Sie nicht Partei in Grabenkämpfen.
- Ziehen Sie nicht über Kollegen her.
- Wissen Sie nicht alles besser als die Kollegen – vor allem nicht vor Schülern.
- Biedern Sie sich nicht bei Schülern an und machen Sie sich nicht vor den Jugendlichen und Kindern klein, indem Sie mit Ihrer Unwissenheit kokettieren.
- Nerven Sie Ihre Kollegen nicht andauernd zu unpassenden Gelegenheiten mit Fragen, die umfangreiche Antworten erfordern.

- Meiden Sie Leute, die immer lamentieren – lassen Sie sich nicht von Negativhysterie anstecken.
- Fragen und machen Sie nicht alles auf einmal.
- Schlafen Sie genug, essen Sie gesund und gönnen Sie sich etwas Nettes (mehr dazu im Kapitel „Krank sein").

Nutzen Sie diese ersten Wochen! Die Weichen werden oft zu Anfang gestellt. Aber vor allem – lassen Sie sich nicht erzählen, dass Sie in der Vorhölle sind. Viele vor Ihnen haben die Prüfung gemacht und leben noch. Nachweislich. Nicht alle waren klüger, dynamischer und belastbarer als Sie. Die Anforderungen sind zu schaffen. Die Ausbildung ist machbar.

Versuchen Sie, in schwierigen Situationen den Unterhaltungswert des Ereignisses zu sehen oder wenigstens den Stoff für eine „gute Geschichte". Sie werden sich später amüsiert an die Schülerin erinnern, die sagte, dass das Lehrerzimmer nur für Lehrer sei und dass Sie da nicht reindürften, oder an den Kollegen, der meinte, dass es zwischen Referendaren und Studenten keinen Unterschied gäbe und dass Sie das schwächste Glied der Kette seien (ein kleiner Ausschnitt aus den im Seminar gesammelten Begebenheiten ...). Also los! Nur Mut! Sie können das!

Hospitieren ...
öffnet die Augen

Sie sollen oder wollen hospitieren. Auch Wiedereinsteiger sollten das wollen und dürfen. Eigentlich sollten alle es von Zeit zu Zeit tun.

Versuchen Sie gleich bei Ihrem Antrittsbesuch Ihren neuen Schulleiter davon zu überzeugen, dass Sie unbedingt ein paar Tage – am besten eine ganze Woche – hospitieren dürfen. Das ist vielleicht nicht üblich, aber es lohnt sich für alle Beteiligten. Durch diese Woche können Sie sich, Ihrer Schulleitung und vor allem Ihren zukünftigen Schülern viel Ärger und Missverständnisse ersparen. Eine hervorragende Investition.

Nennen Sie für Ihre Bitte gute Gründe: Sie haben Bedenken, richtig auf die Schüler reagieren zu können, weil Sie so lange „raus waren", weil Sie in einem anderen Schultyp, in einem anderen Umfeld unterrichteten, weil eine erfahrene Kollegin Ihnen das ganz dringend geraten hat etc. Die „Anfänger" müssen sowieso von Amts wegen hospitieren.

Hospitieren ist keine Sache, die man als untergeordnet betrachten sollte, im Gegenteil: Hospitieren Sie so oft Sie irgend können. Man kann auch in anderen Schulen hospitieren. Fragen Sie Ihre Schulleitung, ob es in Ordnung ist, wenn Sie bei Ihrer Fachseminarleiterin oder einer Seminarkollegin hospitieren. Gerade vor der Prüfung haben meine Teilnehmer das oft gemacht, mit guten Erfolgen. Es ist so wichtig, weil Sie erstens nie wieder diese Gelegenheit erhalten werden – ein Recht auf regelmäßige Hospitationen endet zur Zeit leider, sobald Sie Ihre Ausbildung beendet haben. Also jetzt oder nie die Chance ergreifen, anderen bei der Arbeit zuzusehen. Zweitens kann man dabei in der Tat unendlich viel lernen.

Also dann – wie findet man die Kollegen, bei denen man sinnvoll hospitieren könnte? Vielleicht regelt das der Schulleiter oder der Fachbereichsleiter für Sie, vielleicht sagen diese aber, Sie sollten sich selber jemanden aussuchen.

Das hört sich zunächst sehr angenehm an, kann aber die Sache auch komplizieren. Ihre zukünftigen Kollegen zeigen unter Umständen ein Verhalten, das Sie nicht erwartet haben. Hatte man Sie zunächst mit mehr oder weniger offenen Armen empfangen, machen jetzt viele schlicht gesagt dicht. Am Tisch im Lehrerzimmer unverbindliche Ratschläge geben – ja, aber jemand mit in den Unterricht nehmen – ach, herrje! Auf Ihre freundliche Frage hin, ob Sie nicht morgen oder am besten gleich heute mal in den Unterricht mitkommen dürfen, werden Sie mit allen möglichen Ausreden abgefertigt: „Heute lohnt es sich nicht!", „Heute machen wir nichts Besonderes!", „Heute schreiben wir eine Arbeit!", „In dem Kurs geht es nicht – der ist einfach unmöglich!" Sie gewinnen allmählich den Eindruck, dass an dieser Schule eigentlich überhaupt kein Unterricht stattfindet, der es wert ist, gesehen zu werden. Sie werden das nicht verstehen, Sie werden sich abgelehnt fühlen, Sie wollen doch einfach nur zusehen und dabei etwas lernen.

Sie müssen dazu Folgendes wissen: Vielen Lehrern ist es peinlich, im Unterricht beobachtet zu werden. Dafür gibt es verschiedene Gründe: Erstens sind sie es einfach nicht gewohnt, dass jemand „mit drin" ist, dass sie Entscheidungen begründen müssen, dass es eventuell sogar einen Rechtfertigungszwang geben könnte. Viele sind es gewohnt, wie kleine Fürsten hinter sich die Tür zu schließen und dann keinem mehr Rechenschaft schuldig zu sein.

Zweitens ist es vielen von uns (hier schließe ich mich mit meiner mehr als 20-jährigen Diensterfahrung schamvoll ein) außerordentlich unangenehm, dass andere sehen können, wie weit Anspruch und Wirklichkeit auseinander klaffen. Wir alle wollen unsere Arbeit gut machen. Wirklich! Und merken, wenn wir nicht völlig daneben sind, andauernd, dass wir diesen Anspruch aus den verschiedensten Gründen nicht erfüllen können. Und nun kommt durch einen Beobachter – nämlich Sie! – vielleicht heraus, dass wir schlechte Lehrer sind. Vielleicht geht der Referendar oder Praktikant herum und erzählt, wie niveau- und einfallslos mein Unterricht ist. Das löst unter Umständen nicht nur peinliche Gefühle, sondern handfeste Ängste aus. Muss nicht sein! Lieber sind wir verborgen unzulänglich als offen schlecht.

Drittens möchten wir nicht in unserem Intimbereich beobachtet werden. Dieser Punkt ist vielleicht am schwierigsten zu beschreiben. Unterricht ist ja nun mal deutlich durch zwischenmenschliche Beziehungen geprägt. Das schließt auch heftige Worte ein, eventuell lautstarke Ausbrüche, kleine Erpressungen, Drohungen – na ja, wie das eben so läuft. Sie wollen ja auch nicht unbedingt, dass andere Leute an Auseinandersetzungen innerhalb Ihrer Partnerschaft, Ehe und Familie partizipieren, und hier wollen viele von uns halt auch nicht, dass wir uns methodisch-didaktisch erklären müssen, wenn wir uns wie Menschen mit Emotionen verhalten. Vor anderen beschimpft man seine Kinder ja auch ungern – was die Kinder wissen und gnadenlos ausnutzen. Wir haben hier oft Hemmungen, die ich zum Teil auch ganz berechtigt finde. Obwohl ich selbst das Hospitieren eigentlich gewohnt bin, bin ich doch nach einer Periode „mit Leuten hintendrin" froh, mich ohne Zeugen von außen nach Herzenslust als meckernde Ziege aufspielen zu können, ohne dass jemand – ein Schüler oder ich – das Gesicht verliert.

Viertens haben einige Kollegen nicht das Trauma ihrer eigenen Ausbildung überwunden und sie wollen sich nie wieder der Situation einer willkürlichen Beurteilung aussetzen. Dies nur zum besseren Verständnis der Situation. Viel weiter sind wir jetzt noch nicht – Sie haben immer noch keinen zum Hospitieren gefunden. Also, versuchen Sie es doch mal so: „Mir macht das gar nichts, wenn Sie heute nichts Besonderes vorhaben. Genau das möchte ich sehen. Ich möchte keine Vorführstunden erleben, sondern die Realität!" Vielleicht hilft es auch, offen zu erzählen, in welchem Dilemma Sie stecken – dass Sie nämlich keinen unter Druck setzen wollen, aber dennoch zu Ihren Hospitationen kommen müssen. Wie auch immer, die Antwort der Kollegen, die einigermaßen willig sind, wird ausgesprochen oder unausgesprochen sein: Erwarte nichts und halt die Klappe! Lobende Worte natürlich ausgenommen. Wenn Sie Ihr Verhalten daran ausrichten, wird es wenig Probleme geben.

Trotzdem noch einige Tipps:
- Kommen Sie rechtzeitig! Treffen Sie den Kollegen schon in der Pause im Lehrerzimmer! Wahrscheinlich hat er inzwischen vergessen, dass Sie heute mitkommen. Ideal wäre natürlich, ihn am Tag vorher nochmal daran zu erinnern.
- Wählen Sie bezüglich der Anrede zunächst das „Sie". Oft wird der Kollege Ihnen dann das „Du" anbieten.
- Wenn Sie mit jemand anderem zusammen hinten sitzen, sollten Sie

nach Möglichkeit Tuscheln, Kichern und Negativmimik vermeiden. Schenken Sie dem Unterricht Ihre volle, positive Aufmerksamkeit – zumindest sollte das so aussehen!
- Fragen Sie, ob Sie irgendwie helfen können! Hier ist wichtig zu klären, ob der Kollege von Ihnen erwartet, die ganz Zeit stationär in einer Ecke des Raums zu verbleiben, oder ob es ihm auch recht ist bzw. es ihm sogar hilft, wenn Sie in Arbeitsphasen mit herumgehen und Schülern helfen. Es gibt Kollegen, die nervös werden, wenn man das tut, und das als Eingriff in ihren Unterricht und damit verbundenen Autoritätsverlust empfinden. Sprechen Sie auch darüber, ob es den Kollegen stört, wenn Sie mit einzelnen Schülern reden und etwas erklären, während er mit allen anderen spricht. Mich macht so etwas z. B. wahnsinnig, das ist aber Nervensache und sicher sehr unterschiedlich.
- Verschwinden Sie nicht einfach nach dem Unterricht! Sprechen Sie noch ein paar Worte mit dem Kollegen! War der Unterricht gut, fragen Sie ihn ein bisschen nach seinen methodischen Entscheidungen aus! Jeder redet gerne über gelungene „Werke". Selbst, wenn Ihnen der Unterricht überhaupt nicht gefallen hat, können Sie immer noch wahrheitsgemäß sagen, dass es sehr interessant war, dass dieser Unterricht einmalig war, dass Sie so etwas noch nie gesehen haben und dass Sie etwas gelernt haben.
- Ziehen Sie keinesfalls über andere Kollegen her, deren Unterricht Sie auch schon gesehen haben! Wenn Sie dem Kollegen X erzählen, wie furchtbar schlecht Y unterrichtet, denkt X natürlich, dass Sie das auch über ihn sagen werden.
- Schwärmen Sie auch nicht übermäßig von dem wirklich guten Unterricht bei Z! Wahrscheinlich möchte X weder mit Z verglichen werden noch in dessen Schatten stehen.
- Helfen Sie beim Aufräumen, Tafelwischen und Wegtragen der eventuell eigens für Sie angeschleppten Medien!
- Verbünden Sie sich nicht gegen die Schüler.

Was aber tun, wenn man dort hinten sitzt, sich langweilt (vielleicht verhilft Ihnen diese Erfahrung auch zu einem besseren Verständnis dessen, was manche Schüler zu erdulden haben!) und sich nicht schlecht benehmen darf? Was gibt es in fast jedem Unterricht zu lernen?

Also, man kann:

- auf den Lehrer starren und sich fragen, ob man auch so ist oder so sein könnte beziehungsweise wollte – so spritzig oder so langweilig, so konfus oder so rigide, so schlecht gekleidet, so gockelhaft oder so göttergleich begabt ...;
- sich zwei Schüler raussuchen (ohne dass sie es wissen) und deren Aktivitäten, Äußerungen, Motivationen und Wartezeiten protokollieren. So etwas könnten Sie auch dem Kollegen anbieten, vielleicht ist er für solche Informationen ganz dankbar;
- sich Impulse und Arbeitsanweisungen aufschreiben;
- darauf achten, wie der Kollege auf Schüler eingeht, die nichts können, die frech oder verhaltensauffällig sind, die nicht mitmachen etc. Am besten auch hier in wörtlicher Rede die Zaubersprüche aufschreiben. („Wie war doch noch eure Telefonnummer?", „Kann ich dich mal in der Pause sprechen?", „Das ist jetzt dein dritter Strich, du weißt, was das bedeutet!", oder „Toll, dafür bekommst du einen Pluspunkt!") Fragen Sie den Kollegen, welche Regeln oder Verabredungen in dieser Gruppe gelten;
- sich auf positive Verstärker (Lächeln, Loben, Versprechungen etc.) konzentrieren und ihre Wirkung auf die Schüler beobachten;
- sich zu einem sehr langweiligen Unterricht Alternativen einfallen lassen;
- freundlich aussehen.

Bevor ich in einer englischen Gesamtschule meinen Dienst antrat, durfte ich dort eine Woche hospitieren. Ich tat nichts weiter, als mir wortwörtlich die „Disziplinierungszitate" (nicht umsonst sind wir Deutschen für unsere zusammengesetzten Nomen berühmt) der unterrichtenden Lehrer aufzuschreiben. Es war für mein Überleben unendlich wichtig zu wissen, wie hier die Zauberwörter lauteten. Hatte ich bisher in einer deutschen Klasse zumindest mäßigen Erfolg mit dem Satz „Das wird Konsequenzen haben!", wurde mir schnell klar, dass ein englischer Schüler auf die entsprechende Übersetzung nur mit ungläubigem Grinsen reagiert, während er bei „I am going to take it further" merklich zusammenzuckt. War ich froh, als ich das wusste. Ohne Beobachtung hätte ich das nie herausgekriegt oder erst nach monatelangem Rumprobieren und Gesichtsverlust. Rituelle Zaubersätze gibt es in jeder Institution. Selbst wenn man sie selber nicht benutzt, ist es hilfreich, sie zu kennen.

Mentoren ...
sind empfindliche Wesen

Ein guter Mentor beziehungsweise anleitender Lehrer kann mehr wert sein als alle Seminare und jede Theorie zusammen. Schon daraus wird klar, wie wenig die Ausbildungsbedingungen vergleichbar sind. Die einen finden erfahrene Freunde, die sie kompetent durch eine schwierige Zeit begleiten, die anderen verbrauchen einen Teil ihrer Zeit und Kraft dabei, sich gegen den Einfluss dieser Kolleginnen und Kollegen zu wehren – um nur mal die Extreme zu nennen.

Bevor Sie sich selber einen Mentor aussuchen, ist es natürlich außerordentlich günstig, möglichst viele Lehrer gesehen zu haben. Erste Eindrücke im Lehrerzimmer sind oft trügerisch. Fragen Sie die Person, die – zumindest aus Ihrer augenblicklichen Perspektive – methodisch etwas kann, von den Schülern akzeptiert wird und im günstigsten Falle auch noch Ihrem Typ, sprich Temperament, ein bisschen ähnlich ist. Umso leichter ist es, sich Verhaltensweisen und Methoden abzugucken. Wenn Sie jemanden zugeteilt bekommen, erübrigen sich diese Ratschläge.

Der Idealfall ist natürlich, dass Auszubildende und Anleitende zu Teams zusammenwachsen, die offen miteinander umgehen und ohne Konkurrenz und Missgunst begeistert voneinander lernen. So etwas gibt es – sogar relativ oft. In diesem Fall ist man einfach dankbar und zeigt das auch hin und wieder. Leider läuft das nicht immer so problemlos. Manche Kollegen empfinden Auszubildende als Konkurrenz, sind eifersüchtig, wenn die Schüler eventuell sogar lieber bei der „Neuen" haben als bei ihnen, haben das Gefühl, dass man ihnen ihre Kinder wegnehmen will, werfen den jungen Leuten vor, ihre Klassen zu „versauen", durch „Spielkram" die Schüler zu verwöhnen und ihnen den Übergang auf das Gymnasium oder die Oberstufe zu erschweren.

Es gibt Charaktere, die ein Mentorenverhältnis zur Machtdemonstration nutzen und sich freuen, endlich mal am Drücker zu sein.

Bewusst oder unbewusst ist egal, in jedem Falle ist es eklig. Manche finden auch, dass Mentorentätigkeit eine unzumutbare Mehrarbeit und Last ist, und machen ihren Anvertrauten ständig ein schlechtes Gewissen. Es gibt in der Tat Auszubildende, die ihren Mentor als die größte Belastung ihrer Ausbildung erleben.

Sollte das bei Ihnen auch so sein, müssen Sie ihn loswerden. Dringend! Wenn Sie keinen anderen finden, fahren Sie besser ohne Mentor als mit einem, der Sie quält und hindert. Der Anfang in der Schule ist schwer genug. Sie haben keine Energien übrig, um sie in sinnlosen Kämpfen zu verschleudern. Bitten Sie Ihre Ausbilder um Hilfe, damit Sie aus dieser unseligen Verbindung ohne Störung des Burgfriedens herauskommen. Wenn Sie hier einfach selber lospoltern, kann es je nach Position des betreffenden Kollegen in der allgemein akzeptierten Hackordnung, die vielleicht an Ihrer Schule herrscht, zu negativen Folgen für Sie kommen. Es gibt übrigens in einigen Ausbildungsseminaren Papiere über die Aufgaben von Mentoren oder anleitenden Lehrern. Fragen Sie die Sekretärin! Falls vorhanden, ist dies eine sinnvolle Lektüre. Sie werden dort wahrscheinlich erfahren, dass Sie mit Ihren Vorstellungen nicht so falsch liegen – das tröstet. Nur wird Ihr Problem natürlich nicht durch ein Papier geregelt werden.

Also, zugegeben, es gibt bei genauerem Hinsehen – das fällt zeitlich oft mit der Wahl des Mentors zusammen – Kollegen, die Sie völlig zu Recht als ziemlich furchtbar erleben oder bald erleben werden. Trotzdem muss ich dazu folgende Bemerkungen loswerden: Es geht hier um einen Beruf, der voller Leben und Herausforderungen ist, in dem nie ein Tag so ist wie der andere, der viel Befriedigung und Anerkennung geben kann. Und es ist auch ein Beruf, der zu den aufreibendsten und anstrengendsten zählt, die es gibt. Vergessen Sie das nicht, wenn Sie Ihre Kollegen einer kritischen Betrachtung unterziehen. Es gibt – natürlich sind das meist die Älteren – Kolleginnen und Kollegen, die mit viel Elan Schulen und Projekte aufgebaut haben und Dinge erkämpft haben, von denen Sie keine Vorstellung haben (Wie auch? Das ist kein Vorwurf.). Viele von denen, die jetzt gebückt und resigniert durch die Schulen schlurfen, waren attraktive, dynamische, kreative und positiv gestimmte Lehrerinnen und Lehrer. Nach langen Jahren in der „Mühle" Schule haben viele die Nase voll. Und es ist nicht nur ihre Schuld, dass sie jetzt erschöpft sind. Weder gibt es die Möglichkeit eines gleitenden Ausstiegs oder Umverteilung der Aufgaben, noch entspricht die Wertschätzung den tatsächlichen (nicht materiellen) Verdiensten. Es hilft auch nicht, dass eine Administration, die die Schule nur als Schüler oder von außen kennen, Pflichtstundenzahl, „Greisenermäßigung" und Pensionsalter ständig nach oben schieben. Wenn diese Damen und Herren auch nur einmal eine Woche in einer Hauptschule unterrichtet hätten, sähe ihre Argumentation mit Sicherheit anders aus. Na ja, haben sie aber nicht. Jedenfalls sind viele Kollegen müde, fühlen sich morgens wie hundert, haben auch schon einige kleine und große Zipperlein und bekommen dasselbe Geld, ob sie sich nun besonders um Schüler oder junge Kollegen bemühen oder nicht. Die Klientel ist zwar garantiert vorhanden, wird aber garantiert nicht leichter in der Handhabung. Sie werden das alles im Augenblick kaum verstehen, können Sie nicht, müssen Sie auch nicht. Nehmen Sie es einfach freundlich zur Kenntnis! Sie können sich dabei gerne vornehmen, dass Sie zukünftig selber gegen diese Art von Verfall Vorsorge treffen werden.

Noch ein Wort zu den Depressiven und Zynischen: Es sind oft die ehemals idealistischen, die lieben und intelligenten Menschen, die angesichts unendlich vieler kleiner und großer Enttäuschungen diesen Weg gehen. Natürlich werden Sie mit ihnen reden, natürlich werden Sie ihnen auch zuhören. Auch sie haben – wie fast alle von uns – das dringende Bedürfnis, ihren Weg und ihre Lebens- und Berufseinstellung auch anderen anzudienen.

Diese Kollegen werden vielleicht eine besondere Anziehungskraft auf Sie ausüben, besonders dann, wenn es Ihnen gerade schlecht ergangen ist und Ihnen der leicht tragische oder arrogante Gesichtsausdruck als verständnisvoll, intellektuell oder der ganzen Misere entsprechend vorkommt. Lassen Sie sich nicht täuschen – depressiv ist bei allem Verständnis nicht tiefsinnig, sondern eine für Ihre Situation wenig brauchbare Form der Weltinterpretation. Während die Depressiven eher sich selbst schaden und unser Mitleid verdienen, sind Zyniker in der Schule weit gefährlicher. Obwohl sie nach allgemein menschlichen Gesichtspunkten ganz sicher arme Leute sind und ihr Zynismus sich aus unerfreulichen Erlebnissen ableitet, sind sie doch in der Schule deutlich fehl am Platz. Sie schaden, sie stören Kommunikationsprozesse, sie werten ab und grenzen aus, alles nur, um ihr angeschlagenes Selbst aufzuwerten – auf Kosten anderer, Schwächerer. Keinesfalls werden Sie diese

Leute ändern können, schon gar nicht durch offenen jugendlichen Enthusiasmus, der von solchen Menschen als widerlich oder – im günstigsten Fall – als bemitleidenswert empfunden wird. Am besten ist, Sie meiden sie.

Suchen Sie weiter und gezielt nach Kollegiumsmitgliedern, die wenigstens hin und wieder Lebensfreude ausstrahlen und für die die Schule nicht der Inbegriff und Ausgangspunkt einer untergehenden abendländischen Kultur ist.

Um noch mal auf den Umgang mit dem Mentor, diesem wichtigen und empfindlichen Wesen, zurückzukommen: hier eine Liste von Verhaltensweisen, die die Seele der Mentoren streicheln und sie für die Mehrarbeit entlohnen. Ich wechsle zur weiblichen Form, weil ich von meinen eigenen Erfahrungen ausgehe:

- Machen Sie sich klar, dass Sie zwar ein Recht auf Betreuung haben, die Kollegin aber nicht grundsätzlich zur Mentorentätigkeit verpflichtet ist, es sei denn, es stünde in ihrer Arbeitsplatzbeschreibung (Fachbereichsleiterin) oder sie bekäme eine entsprechende dienstliche Anweisung. Die Basis ist im Allgemeinen also Goodwill.
- Beherzigen Sie möglichst viele der Hospitationsregeln (siehe Kapitel „Hospitieren")!
- Helfen Sie Ihrer „Teampartnerin" bei der Materialbeschaffung, ziehen Sie Arbeitsbögen für sie mit ab, besorgen Sie bei der Medienstelle nicht nur das Video für sich, sondern fragen Sie, was sie braucht, etc.
- Beurteilen Sie nicht ständig kritisch ihren Unterricht, sondern fragen Sie sie – vielleicht hat sie sich ja was gedacht ... Also nicht unbedingt: „Die Partnerarbeit fand ich nicht gelungen!", sondern: „Warum war die Partnerarbeit so organisiert?" Das scheint kleinlich, mir war das so aber immer viel angenehmer.
- Sagen Sie ihr, welche Phasen, Aufgaben, Impulse, Verhaltensweisen Ihnen besonders gut gefallen haben. Auch alte Kaninchen brauchen Lob!
- Kochen Sie ihr mal einen Kaffee, wenn sie wieder so geschafft im Lehrerzimmer herumhängt. Ein Stück Himbeertorte vom Bäcker gegenüber darf es auch mal sein.
- Geben Sie der Frau Anerkennung – nicht nur für ihren Unterricht, sondern auch dafür, dass sie sich mit Ihnen abgibt. Sagen Sie ihr, dass

sich ein Vorschlag von ihr positiv ausgewirkt hat, dass Sie froh sind, von ihr betreut zu werden …

- Strapazieren Sie sie nicht unnötig. Sie wird Ihnen gerne helfen, eine der heiß geliebten „Vorführstunden" vorzubereiten, aber sie ist wahrscheinlich nicht „allzeit bereit". Fragen Sie, wann sie Zeit hat, richten Sie sich danach, indem Sie nach Möglichkeit die Planung zwei Tage früher fertig haben. Studentische Spontaneität ist hier nicht unbedingt gefragt. Vielleicht hat die Frau einen netten Mann, ein kleines Kind oder eine alte Mutter zu betreuen, braucht ein abendliches Schläfchen oder will sich anderweitig entspannen.
- Gehen Sie nicht davon aus, dass sie Ihre Mutter ist, die nun ab sofort durch ständiges Nachfragen („Ist die Stunde endlich fertig?") die Verantwortung für Ihre Ausbildung übernimmt.
- Seien Sie nicht enttäuscht, wenn Ihre Aufregung über das bevorstehende Ereignis einer Unterrichtsüberprüfung ihr nicht ganz so ans Herz geht wie Ihnen. Sie hat ihre Ausbildung längst hinter sich. Und bei allem Mitgefühl – für sie geht es hier nicht um Leben und Tod.
- Falls Sie doppelt gesteckt sind, also beide in einer Klasse eingeplant sind – nehmen Sie ihr den Unterricht mal ab, wenn es eigentlich Ihre Hospitationsstunde sein sollte. Mit vorheriger Ansage natürlich, also als Geschenk. Es ist damit nicht gemeint, dass Sie plötzlich den Unterricht an sich reißen sollen. Das hätte sicher einen anderen Effekt. Tun Sie das bitte überhaupt nie!
- Bitten Sie sie bei den Vorführstunden und der nachfolgenden Besprechung dazu! Erstens will sie sehen, was aus ihren Vorschlägen geworden ist, zweitens kann sie eine wichtige Stütze sein, falls die Ausbilderin die Stunde problematisch fand, drittens wird sie meist von der Schulleitung gebeten, ihrerseits Vorschläge für Ihre Beurteilung durch die Schule zu machen, und wird die Gelegenheit nutzen, Bestätigung und Hinweise zu erhalten oder gegebenenfalls ein positives Gegengewicht aufzubauen. Vielleicht könnten Sie sie auch darum bitten, für ebendiese Besprechung Kaffee und Kekse zu besorgen.

Geben Sie ihr aber nicht in der Nachbesprechung einer Stunde die Schuld an einem missglückten Unterrichtsunternehmen. Das habe ich neulich als Ausbilderin erlebt, als ich den Sinn deutsch-englischer

Vokabelgleichungen hinterfragte und mir im Beisein der Mentorin die Dame selber von ihrem Zögling als Verantwortliche für diesen Teil der Planung ausgewiesen wurde. Das bedeutet Krieg. Manchmal klärt es die Fronten, z. B. wenn man diese Mentorin loswerden möchte.

Eine Referendarin, die diese Hinweise beachtet, wird mit ziemlicher Sicherheit nicht als Last, sondern als Bereicherung empfunden. Die altgedienten Kolleginnen werden sich über den „frischen Wind" freuen, einige werden sich genauer bei Ihnen über neuere Methoden informieren und etwas davon in ihrem eigenen Unterricht ausprobieren. Hier fängt Ihre Gestaltungsmöglichkeit an.

Schüler ...
sind anders, als man denkt

Schüler sind erstens Menschen und zweitens die Zielgruppe Ihrer Unterrichtsbemühungen. Diese Reihenfolge im Auge zu behalten scheint mir nicht unwichtig. Schüler sind weder besonders gute noch besonders schlechte Menschen. Es gibt sympathische und unsympathische unter ihnen, sie sind aber vor allem – wie alle Gruppen – die Summe vieler Einzelschicksale. Sie alle verdienen unsere Achtung. Angesichts mancher Schicksale kann man sich nur wundern, dass die jungen Leute morgens überhaupt in die Schule kommen. Viele haben Angst – Angst vor der Gegenwart und der Zukunft, vor der Schule, vor den Mitschülern, vor zu Hause, vor dem Alleinsein, vor dem Versagen und vielleicht auch vor Ihnen. Schüler haben sich im Gegensatz zu uns nicht um diese Rolle beworben. Sie leben mit uns temporär in einer Zwangsgemeinschaft, die sie sich nicht ausgesucht haben.

Über den „Schüler von heute" wurde und wird reichlich geschrieben und geredet. Ich meine, den Schüler von heute gibt es genauso wenig wie den von gestern oder die Deutschen oder die Türken ... Ihre Schüler sind jedoch mit ziemlicher Sicherheit anders, als Sie sich sie – wahrscheinlich in Anlehnung an Ihre eigene Schulzeit – vorgestellt haben, und mit noch größerer Sicherheit in der Gesamtheit anders, als Sie sie sich wünschen. Sie reden anders, sie gehen anders miteinander um, als wir das früher taten. Sie haben oft ganz andere Werte und Interessen als wir, haben ein anderes Unrechtsbewusstsein, andere Verhaltensformen, andere Kleidung, kommen vielleicht auch aus anderen Gesellschaftsschichten. Sie benehmen sich weder so, wie es in Fernsehseifenopern gezeigt wird, noch wie es die Presse recherchiert. Die „Labels", die hier vergeben werden und die Ihnen vermitteln, dass Sie es mit „New Kids", „Nintendo Kids", „multimedial Geprägten" oder der verwahrlosten Brut einer egozentrischen Wohlstandsgesellschaft zu tun haben, nutzen Ihnen zunächst wenig. Sie sollen sie trotzdem unterrichten. Etiketten behindern ohnehin nur eine dringend notwendige Offenheit und Neugier. Und den Schülern ist das Bild, das Sie von ihnen haben, ohnehin so egal wie dem Universum Ihre Ansprüche an Glück und Geld – nämlich total! Am besten trennen Sie sich von Vorstellungen, Mustern und Wünschen und sehen und hören sich die Kinder oder Jugendlichen selber genauer an. Sie brauchen das, was Sie hören, sehen und erfahren, nicht unbedingt gut zu finden. Oft gibt es auch schockartige Erlebnisse.

Dazu ein Beispiel: Die Einführungsphase meiner ersten sorgfältig geplanten Stunde in einer achten Klasse einer Gesamtschule (GA-Kurs) zum Thema „Fährverbindungen nach Großbritannien" wurde nach meinem ersten Satz von einem freundlich aussehenden blonden Stoppelkopf unterbrochen, der mit Kennermiene bemerkte: „Ach, heute ohne BH. Ist ja auch besser fürs Gewebe!" Er freute sich sehr an seiner Bemerkung, seine Klassenkameraden – diejenigen, die zugehört hatten – freuten sich auch. Ich freute mich nicht, war sprachlos, erwartete entsetzt, was nun noch alles kommen würde, suchte während der folgenden vierzig Minuten krampfhaft nach einer passenden lockeren Reaktion auf diese längst vergangene Situation, fand keine, war unkonzentriert, redete gegen einen anschwellenden Geräuschpegel an. Beteiligung fand keine statt, wenn man von der Meldung absieht, mit der ein Schüler erfragen wollte, ob er die Toilette besuchen dürfte – allerdings war die Frage sprachlich weit weniger elaboriert.

Den Rest des Tages verbrachte ich mit folgenden Tätigkeiten: Ich fragte mich wiederholt, warum ich Lehrerin werden wollte, wie ich aus dieser Situation wieder herauskommen würde, warum ich an diesem Morgen auf einen BH verzichtet hatte, ob diese Story sich in der Schule verbreiten würde, wie ich am nächsten Tage von den Schülern empfangen werden würde etc. Parallel dazu erfand ich unzählige Dialoge zum Thema „Was ich da hätte sagen können". So weit mein ziemlich sinnloses Tun. Für die Gefühlsebene gab es einen relativ einfachen Begriff, den ich mich aber scheute anzuwenden: Ich hatte Angst! Angst, persönlich angegriffen und diffamiert zu werden, Angst zu versagen, Angst, aus dieser Sackgasse niemals mehr herauszukommen.

Viele Kolleginnen und Kollegen berichten von ähnlichen schockartigen Erlebnissen. In meinem Fall sehe ich die Ursache zum großen Teil in meinem Unverständnis für die Tatsache, dass Schüler anders sind, als ich es früher war. Dazu kam, dass ich – aus bürgerlichen Ver-

hältnissen kommend – ihre Verhaltensweisen und ihre Sprache nur als Angriff auf mich interpretieren konnte. Ich kannte das alles nicht. Zu dem Praxisschock kam der Kulturschock. Dieses direkte, persönliche „Anmachen". Was waren das bloß für Kinder? Einige Vulgärausdrücke, die jetzt immerhin zu meinem passiven Wortschatz gehören, habe ich übrigens in meinen ersten Monaten als Lehrerin überhaupt erst kennen gelernt.

Also ziehen Sie zunächst ein für Ihr weiteres Berufsleben wichtiges Fazit: Ihre Schüler sind nicht so, wie Sie früher waren. Es gibt übrigens sehr interessante Studien darüber, welche Leute Lehrer werden. Unter anderem waren sie fast immer auch lernwillige und gute Schüler.

Sie wollen noch wissen, was ich als erfahrene Lehrerin in diesem Fall tun würde? Wahrscheinlich würde genau diese Situation nicht auftreten, denn erstens hätte ich – schon altersbedingt – einen BH an. Zweitens hätte die Schüleräußerung nicht denselben Effekt, weil mich inzwischen nicht mehr so viel überrascht und erschreckt. Ich würde mich auch nicht persönlich angegriffen fühlen, sondern denken: „Aha, der testet mich in meiner Funktion als Lehrerin." Dies würde mir drittens wahrscheinlich die Ruhe und Souveränität geben, auf seine Bemerkung einen Spruch zu finden, der ihn zunächst stoppt. Der läge dann auf der gleichen Ebene, die er angesprochen hätte, zum Beispiel „Stimmt!" oder „Du hast ja viel Erfahrung. Da musst du mir in der Pause mehr darüber erzählen!" oder „So viel Haarspray und doch schon so klug!" oder etwas ähnlich Blödes – das Inhaltliche ist hier ziemlich egal, wichtig ist das Direkte und Persönliche. Letztlich handelte es sich hier um eine, wenn auch nicht besonders gelungene Form der Kontaktaufnahme. Der Junge wollte Aufmerksamkeit von mir und seinen Freunden. Die funktionale Ebene: „Das lasse ich mir von dir nicht gefallen. Das melde ich der Schulleitung!" bringt wahrscheinlich nicht viel. Viertens würde ich heute in der ersten Stunde mit einer neuen Klasse, die mich für ein ganzes Jahr ertragen muss, sowieso erst mal ein paar Regeln zur Kommunikation besprechen, je nach Atmosphäre auch etwas über mich sagen, einen Minimalkonsens vereinbaren und dann den Anfang des Unterrichts etwas weniger langweilig gestalten, als ich es damals tat. Aber Ihnen zum Trost: Hin und wieder gibt es auch für mich Situationen, in denen ich mich sprachlos und hilflos fühle … Der Schüler, das unbekannte Wesen, ist eben ein Mensch, nicht wahr?

Und schließlich ist dieser Mensch Mitglied einer zukünftigen Gesellschaft, deren Gesetzmäßigkeiten ich nur zum Teil verstehe und in der ich mich auch nur partiell und temporär zurechtfinden muss (wahrscheinlich leben meine Schüler länger als ich). Ich bin davon überzeugt, dass viele unserer Schüler richtig wahrnehmen, dass „Stoffpläne" mit festgelegtem Faktenkanon ihnen in einer Welt, deren Informationsmenge sich alle paar Jahre verdoppelt, kaum zu einer Orientierung verhelfen können und dass es nicht mehr um Erlangen und Anhäufung von Wissen, sondern um den Umgang mit Informationen geht. Sie erleben uns ältere Lehrer teilweise als Fossilien, wenn wir auf gründliche und perfekte Arbeit Wert legen, während Manager führender Industriekonzerne einer schnellen 80-prozentigen Leistung die Präferenz gegenüber dem 100-prozentigen gediegenen, aber langsamen Produkt geben oder sogar zu der Aussage kommen, dass es zum Ende des Jahrtausends nur noch zwei Sorten von Managern geben wird: die „Schnellen und die Toten". (Ich entnehme diesen Ausspruch dem Buch „Jenseits der Hierarchien" von Tom Peters, dessen Lektüre mir als humanistisch gebildeter Beamtin einen kleinen, staunenden Blick in eine andere Welt eröffnete.)

Unsere Schüler saugen diesen Zeitgeist überall auf, sie wollen verständlicherweise nicht zu den „Toten" gehören und viele von ihnen werden den Verdacht haben, dass ihre Lehrer nicht die geeigneten „coaches" für einen erfolgreichen Lebensweg sind. Sie vertrauen nur begrenzt darauf, dass unsere Werte sich als tragfähig erweisen werden. Auch dieser Missklang, das Zusammentreffen der bedächtigen, grüblerischen Perfektionisten und der zappligen, schnellen „Macher" („Don't plan it, do it!") – ich nenne hier bewusst die Extreme –, schafft Unsicherheit und Angst.

Ich finde diese Ängste nicht unberechtigt: Wenn ich lese, welche Eigenschaften laut Aussagen von meinungsbildenden Unternehmensberatern für den zukünftigen gesellschaftlichen Erfolg unserer Schüler wichtig sind, mache ich mir große Sorgen. Denn nur ein sehr kleiner Prozentsatz meiner Schülerinnen und Schüler verfügt über selbstbewusstes Auftreten, Teamfähigkeit, Zielorientiertheit, Dynamik, Flexibilität und grenzenlose Einsatzbereitschaft. Was wird aus den vielen anderen? Welchen Platz werden sie haben? Allein die große Zahl der oft intelligenten Kinder mit einer Lese-Rechtschreib-Schwäche macht mir Sorge. Sie können ja nicht alle Hörbücher im Rundfunk besprechen, wie neulich eine Kollegin vorschlug, als ich angesichts des höchst kreativen, aber unleserlichen Lerntagebuchs eines netten jungen Menschen jammerte: „Was soll nur aus ihm werden?"

Angesichts dieser Gedanken wirkt die Frage: „Werden die Schüler immer dümmer?", so sinnlos, wie sie eben auch ist. Ich erwähne sie nur, weil es nicht lange dauern wird, bis Sie mit diesem Satz – meist in Form einer Feststellung – konfrontiert werden. Dieses jahrhundertealte Lehreraxiom geht davon aus, dass altes Wissen und alte Werte – die eigenen natürlich – klug, die neuen dagegen minderwertig sind. Es stellt sich die Frage, wie intelligent eine solche Annahme ist.

Ja, selbst gesetzt den Fall, es wäre wahr – meist werden Ergebnisse von seit Jahren bewährten Klassenarbeiten als Beweise zitiert –, was wäre die Konsequenz?

Resignation? Verachtung? Frühpension? Das kommt für Sie ja kaum in Frage!

Ich bin mehr dafür, genauer hinzusehen. Stellen Sie – meinetwegen schaudernd – fest, was Ihre Schüler alles nicht können. Aber stellen Sie auch fest, dass die Kinder und Jugendlichen verwöhnt und ihre Ansprüche an die Gegenwart und die Zukunft zum Teil völlig unrealistisch sind. Nehmen Sie Ihren Erziehungsauftrag wahr, indem Sie ein ehrlicher Spiegel sind, aber gleichzeitig ein Spiegel, der Mut macht und Wege aufzeigt. Der nicht sagt: „Das kannst du ja auch nicht!", sondern „Das kannst du noch nicht, aber du wirst es lernen!" Vor allem aber bitte ich Sie, machen Sie sich die Mühe wahrzunehmen, was sie können. Versuchen Sie Ihre Beobachtungen in Ihre Überlegungen einzubeziehen. Die jungen Leute können einen Teil dessen, was wir konnten. Zusätzlich können sie noch andere Dinge – Dinge, die wir in diesem Alter nicht konnten oder immer noch nicht können: Sie finden sich schlafwandlerisch in Großstädten anderer Länder zurecht, orientieren sich blitzschnell in jedem Einkaufszentrum, können gleichzeitig auf verschiedene Reize reagieren, bedienen technische Geräte und Einrichtungen mit selbstbewusster Sicherheit und ihre Maus huscht so schnell über den Computerbildschirm, dass ich nach kürzester Zeit die Orientierung verliere.

Bei einem Schüleraustausch verschlug es mir fast den Atem, als eine intellektuell eher unauffällige junge Dame unserer Gruppe sich ohne Zögern und Bedenken in einer amerikanischen Bibliothek in das dortige Datenkommunikationssystem „einklickte" und mir alsbald mit „cooler" Selbstverständlichkeit eine Information übermittelte, der ich „zu Fuß" schon eine Weile nachgegangen war.

Behalten Sie im Auge, dass wir unsere Jugendlichen in der Schule auf Berufe vorbereiten sollen, die es jetzt noch gar nicht gibt. Die Zeit rast. Vor 10 Jahren wusste ich noch nicht einmal, dass es z. B. Webdesigner gibt. Und der Schreckenssatz, mit dem unsere Tochter eines Sonntagmorgens nach einem nächtlichen Update ihres Computers durch ihren Vater in unsere Schlafzimmer kam: „Da sind doch hoffentlich noch alle meine Daten drauf!", wäre vor 12 Jahren nicht denkbar gewesen.

„Was lernt uns das?", würden meine Schüler fragen. Und meine Antwort wäre: Beständiges Trotzen gegen den Zeitgeist frisst Energien und schafft Frustrationen. Die Zeit ist, wie sie ist, die jungen Leute sind, wie sie sind. Wenn wir etwas gestalten wollen, müssen wir mit diesen Bedingungen umgehen. Vielleicht gelingt uns in Ansätzen die fruchtbare Synthese der oben erwähnten Gegensätze: Möglicherweise ergeben penible Bedächtigkeit und orientierungslose Hektik zusammen eine neue Arbeitshaltung, die durch Gelassenheit, Fleiß und Lockerheit geprägt ist. Das große Unternehmen EDS (Electronic Data Systems) – ich greife hier wieder auf Tom Peters zurück – definiert sich selbst als „locker, flexibel und verdammt diszipliniert".

Hört sich doch gar nicht so schlecht an, oder?

Diese Frage ist mir ernst. Wir kommen als Pädagogen nicht darum herum, den Kindern und Jugendlichen Werte zu vermitteln. Sonst bleiben die modernen „personalen Kompetenzen" ziemlich hohl. Um Werte zu vermitteln, müssen wir erst einmal welche haben. Natürlich gibt es Einigkeit über Demokratie, Gewaltfreiheit und Toleranz, aber dann kommt nicht mehr so sehr viel. Ich fühle mich da durchaus mit zuständig: Meine Generation wusste sehr genau, was sie alles nicht wollte und vor allem, welche Sekundärtugenden sie abschaffen wollte. Viele von uns hatten „Nein-Sage-Bücher" auf dem Nachttisch, wir wollten autoritäre Strukturen und bourgeoise Phrasendrescherei abbauen und die Sexualität befreien. Nun sind wir befremdet, wenn uns bauchfrei gekleidete junge Menschen kaugummikauend und verspätet entgegentreten und sich beim Eintritt in den Klassenraum mehrfach so hin und her wenden, dass sie auf der einen Pobacke ihrer knappen Hüfthosen „Bad" und auf der anderen „Girl" präsentieren und die Frage, ob sie die Hausaufgaben vorzeigen könnten, mit einem enthemmten „Nein" beantworten. Zauberwörter wie „Entschuldigung", „bitte" und „danke" kommen auch nur spärlich vor. Manche Lehrerinnen bieten nun in Ermanglung elterlicher Maßnahmen Benimm-Kurse an – nicht schlecht, finde ich, vor allem, wenn einige besonders stoffelige Lehrkräfte auch zur Teilnahme verpflichtet werden könnten, damit sie ihrem Rollenvorbild in der Schulgemeinde eher gerecht werden könnten. Na ja, das nur am Rande – ein schönes Diskussionsthema für Ihre Seminare!

Die Lehrerpersönlichkeit ...
liegt nicht in der Wiege

*W*enn ich junge Kolleginnen nach dem ersten Unterrichtsbesuch frage, was sie am dringendsten von mir wissen wollen, kommt oft: Wie wirke ich vor der Klasse? Manchmal auch die angstvolle Frage: Bin ich überhaupt eine Lehrerpersönlichkeit?

Kollegen, die kurz davor sind, ihre gesamte Ausbildung auf die Müllhalde zu werfen, und aufgeben wollen, äußern als Begründung auch meist, dass sie eben keine Lehrerpersönlichkeit oder nicht zum Lehrer geboren seien. Die letzte Formulierung lässt mich bei aller Tragik immer an rosig-speckige Säuglinge mit Pensionsanspruch denken. Es stellt sich nun die Frage: Gibt es so etwas wie eine Lehrerpersönlichkeit? Schwer zu sagen! Vielleicht erhellt folgende (wirklich!) wahre Geschichte einen Aspekt dieser Grauzone:

Nach einem sehr guten Abschluss an der Pädagogischen Hochschule übernahm ich an einer Grundschule (Großstadt, soziales Randgebiet, hoher Ausländeranteil) vor meiner weiteren Ausbildung eine temporäre Vertretung für eine Kollegin. Mein Selbstbewusstsein war auf Grund meiner studentischen Meriten völlig übersteigert, sodass ich mich fröhlich auf 28 Wochenstunden und die Leitung einer sechsten Klasse einließ. Entsprechend war der psychische Absturz, den ich in den folgenden drei Monaten (den vierten und letzten ließ ich mich krankschreiben) erlebte.

Die Kinder machten, was sie wollten, schlugen sich, bedrohten die Ausländer und titulierten sie als Kanaken, lernten absolut nichts, litten selbst unter dem Chaos, verlangten von mir einfache Maßnahmen, wie zum Beispiel mal kräftig mit dem Schlüssel nach ihnen zu werfen, was ich zu ihrer großen Enttäuschung ablehnte, und machten aus ihrer Unzufriedenheit mit mir als Lehrerin keinen Hehl. Ich war todunglücklich, hilflos, verletzt, depressiv, träumte von den Schülern und verstand die Welt nicht mehr. Als ich mich dann am letzten Tag von meinem Schulleiter verabschiedete, fragte er mich, ob ich denn nun meine

Ausbildung zur Lehrerin ordnungsgemäß mit der zweiten Phase fortsetzen wollte. Ich habe diese Frage mit aller Entschiedenheit verneint – träumte ich doch inzwischen von nichts anderem mehr als einem ruhigen Schreibtischdasein in irgendeinem Büro, fernab von Kindern, die mich psychisch demontieren könnten. Darauf sagte dieser Herr, dass er das für eine gute Entscheidung hielte, denn ich wäre ja auch wirklich gar keine Lehrerpersönlichkeit. Auf der Fahrt nach Hause weinte ich schrecklich, obwohl ich fand, dass der Mann Recht hatte. Dann betrachtete ich mich eine Weile im Spiegel, forschte in meinem verheulten Gesicht nach Merkmalen für eine Lehrerpersönlichkeit und fand keine.

Im Nachhinein führe ich dieses ganze Fiasko auf eine Mischung von akademischer Arroganz, grenzenloser Naivität und bodenloser Unwissenheit über Unterrichtsprozesse zurück. Das allerschlimmste Erlebnis für mich war wohl noch die menschliche Ohrfeige, die mir die Schüler zum Schluss (ich denke inzwischen mit einem gewissen Recht) erteilten. Als am letzten Unterrichtstag ihre richtige (!) Lehrerin zurückkam und mit mir in die Klasse ging, schrien sie mir gleich entgegen, dass die Blumen auf dem Lehrertisch nicht für mich seien. Es gingen einige Monate ins Land. Ich las ein paar Bücher, zunehmend auch solche, die sich mit Lehrerrolle und Unterrichtswirklichkeit befassten und von Praktikern geschrieben worden waren. Dann hatte ich mich so weit beruhigt, dass ich fand, es sei doch ziemlich schade um das ganze Studium und ich könnte doch noch einen Versuch wagen. Ich suchte mir eine Schule aus, machte im Wesentlichen das, was ich unter Hospitieren und Wahl einer Mentorin beschrieben habe, hatte auch das notwendige bisschen Glück mit meinen Kolleginnen und hielt meine erste Vorführstunde vor dem Schulleiter. Der kam zu folgendem Schluss: „Bei Ihnen brauchen wir uns ja gar keine Sorgen zu machen, Sie sind die geborene Lehrerpersönlichkeit!" Danach ging alles ziemlich gut.

Vielleicht können Sie mit dieser Geschichte nichts anfangen, weil keines der Merkmale auf Sie zutrifft, dann lesen Sie eben unten weiter. Sollten Sie aber ein ähnlich geartetes Desaster erleben, dann sollten Sie noch eines versuchen, bevor Sie alles aufgeben: Falls möglich, wechseln Sie Ihr Umfeld! Suchen Sie sich neue Ausbilder und eine neue Schule und versuchen Sie unbedingt sich ein großes methodi-

sches Repertoire zu erarbeiten! (Bitte lesen Sie dazu mehr in den Kapiteln „Stress", „Gute Stunden", „Disziplinkrisen" und „Transparenz".)

Also zurück zu der Lehrerpersönlichkeit! Was macht eine gute Lehrerin aus? Es sind einerseits Faktoren, die sich auf Wissen und Können beziehen. Damit meine ich, dass wir möglichst viel über Schüler und Lernprozesse wissen und darüber hinaus uns möglichst viel solides Handwerkszeug erarbeiten sollten. Das andere sind die Persönlichkeitsfaktoren, die etwas schwieriger zu bestimmen sind.

Vielleicht komme ich der Sache näher, wenn ich beschreibe, wem nach meiner Erfahrung das Unterrichten schwer fällt und wem leicht.

Erstens: Wer Spaß an Selbstdarstellung hat, findet hier jederzeit garantiert ein Publikum vor. Das heißt aber nicht, dass alle Lehrenden expressive Entertainerfiguren sein müssen, die das Linoleum des Klassenraums begeistert als Ersatz für die Bretter, die die Welt bedeuten, annehmen.

Zweitens: Introvertierte und verschlossene Menschen haben es schwer.

Drittens: Perfektionisten haben schlechte Karten. Denn es ist nie etwas fertig, nie habe ich alles bedacht, nie machen alle das, was ich möchte, dass sie es machen. Nie haben alle die Hausaufgaben gemacht und nie sind alle Hefter ordentlich. Zwischenmenschliches ist immer in Bewegung und nicht selten im Chaos.

Viertens: Menschen, die Lehrer werden wollten, weil sie andere gerne belehren oder ihre Bildung mit ihnen teilen wollen, ziehen aus dieser Motivation eher Enttäuschung als Glück, weil sie oft feststellen müssen, dass die jungen Menschen nicht belehrt werden wollen und dass Bildung ihnen eher schnuppe ist. Eine starke Motivation kann also auch hinderlich sein.

Fünftens: Ein gewisses Maß an Konfliktfähigkeit hilft. Schulische Beziehungen bestehen nicht nur aus Eiapopeia. Mehr dazu bei „der Rolle des Lehrers".

Fest steht jedenfalls: Menschen, die kein Kommunikationsbedürfnis haben, sind ungeeignet. Wer am liebsten immer allein und still ist, bleibt besser zu Hause, am Schreibtisch, in der Bibliothek, in Wüsten oder auf Bergspitzen. (Alles übrigens sehr empfehlenswert für unbedingt notwendige Kommunikationspausen. Ich will hier keinesfalls unterstellen, dass Bergsteiger schlechte Lehrer wären!) Wer unterrichten will, muss kommunizieren, muss sich irgendwie zur Verfügung stellen, sich demzufolge öffnen. Sich öffnen heißt nicht, mit gesenktem Blick und verschränkten Armen irgendwelchen Lernstoff vor sich hin zu brabbeln. Es heißt das Risiko eingehen, sich den Blicken und dem Urteil anderer zu stellen.

Diese Fähigkeit, sich zu öffnen, stellt sich bei verschiedenen Menschen auch verschieden dar. Gute Lehrerinnen und Lehrer benehmen sich nicht alle gleich. Es ist auch wichtig für die jungen Menschen, mit denen wir zu tun haben, zu lernen, wie man mit sehr unterschiedlichen Persönlichkeiten klarkommt.

Also, geborene Lehrer sind wohl die wenigsten von uns – jedenfalls habe ich noch keinen kennen gelernt. Wenn Sie Menschen interessant finden und ganz gerne mögen und zudem ein Bedürfnis haben, sich anderen Leuten mitzuteilen, haben Sie schon „die halbe Miete". Alles andere ist ein Prozess, ein Zusammenspiel von vielen Faktoren und in großen Teilen lernbar. Vielleicht entdecken Sie auch verborgene Eigenschaften an sich, nachdem Sie mit angelerntem Können, Fertigkeiten und „Tricks" – dazu später viel mehr! – Beifall von begeisterten Schülern ernteten. Ich habe einige Vertretungsstunden, in denen ich keinerlei Material dabeihatte, damit bestritten, den Schülern die Vorteile von Kontaktlinsen zu erklären und ihnen zu zeigen, wie man sie herausnimmt und wieder einsetzt. Die von Ausrufen des Erstaunens und des Abscheus begleitete Faszination setzte sich in der Schülergemeinde auch nach der Stunde fort und ich hörte, wie man sich auf den Fluren mitteilte: „Das ist die, die die Augen rausnehmen kann." Also, Sie müssen ja nicht zu solchen Mitteln greifen, aber für mich gilt, dass ich erst in meiner Rolle als Lehrerin erfahren habe, dass es Spaß macht, expressiv zu sein. Alles ist möglich. Keinesfalls ist Lehrerpersönlichkeit etwas, das man wie eine Blutgruppe oder Sommersprossen hat oder nicht hat.

Die Rolle des Lehrers ...
macht Schwierigkeiten

Sie werden da so Ihre Vorstellungen haben: die mütterliche Freundin, die Sachautorität, der fachkompetente, rückenklopfende Kumpel, Primus inter pares, der große Bruder, der gütige, helfende Mitmensch, der Rächer der sozial Enterbten, die humanistisch Gebildete, die den schönen Geist gern mit anderen teilt ...

Also, nur zu, suchen Sie sich etwas Hübsches aus!

Leider geht das so nicht. Sie sind in der Wahl dieser Rolle nicht frei. Was Sie wirklich im Klassenraum umsetzen, hängt von vielen Faktoren ab:
- von den Vorerfahrungen und Erwartungen der Schüler,
- von dem allgemeinen sozialen Klima an Ihrer Schule: dem üblichen Umgangston, dem Schultyp, dem Kollegium,
- von der Art von Lehrern und Unterricht, die die Schüler früher hatten oder jetzt haben,
- von Ihrer Fähigkeit, menschliche Kontakte und Beziehungen herzustellen und zu gestalten,
- von Ihrer methodischen und fachlichen Kompetenz,
- von Ihrer persönlichen Bedürftigkeit.

Ich habe diesen letzten Punkt mit Absicht so direkt formuliert, weil hier oft ziemlich verschwommen herumgeredet wird. Es kommt in der Tat vor, dass Lehrerinnen und Lehrer (hier muss ich einfach mal beide „Sorten" nennen) sich und anderen mit ihrem Wunsch nach Anerkennung und Zuneigung das Leben schwer machen. Es ist wichtig, diesen Punkt für sich zu prüfen, weil dadurch Verletzungen, Wut und Enttäuschung entstehen können.

Damit wir uns richtig verstehen – ich halte es für richtig, dass wir es uns in unserem Beruf möglichst gut gehen lassen. Dazu gehört auch, Geldverdienen, Ideale und Ansprüche einigermaßen unter einen Hut zu bringen. Denn wenn wir selber dauernd leiden, können wir unseren Beruf nicht ordentlich ausüben. Dennoch ist klar, dass wir primär unser Geld nicht bekommen, um unsere eigene psychische Bedürftigkeit zu befriedigen. Sie sollen in der Schule Spaß haben, ja! Aber wir gehen nicht zum Kuscheln in die Schule. Die Schüler werden Sie sowieso mögen, wenn Sie menschenfreundlich sind und Ihre Sache einigermaßen professionell machen. Die Zuneigung der Schüler sollten Sie vielleicht nicht als direktes Ziel, sondern als eine erfreuliche Zugabe sehen. Sie entsteht jedenfalls nicht, indem man unentwegt danach strampelt. Na ja, da wird schon was entstehen, aber ein derartiger emotionaler Teppich ist für die nächsten 30 Jahre eine relativ ungeeignete und vor allem sehr anstrengende Basis.

Also, wir sind dazu da, anderen Menschen Wissen zu vermitteln. Und genau daraus ergeben sich die drei Seiten der Lehrerrolle:

- erstens: das Zwischenmenschliche, hier das Pädagogische. In diesem Bereich werden auch gerne die Begriffe der personalen, kommunikativen und sozialen Kompetenz benutzt. Wir sollen uns ja nicht fröhlich in und von der Masse schaukeln lassen, sondern in einem Lernprozess eine Führungsrolle übernehmen;
- zweitens: die Fachkompetenz;
- drittens: die methodische Kompetenz.

Alles hängt zusammen, denn das Fachliche wird über das Zwischenmenschliche vermittelt. „Ist ja klar!", würde Janoschs Bär hier sagen.

Fachkompetenz setze ich voraus. Wahrscheinlich haben Sie alle ein großes Mehr an Wissen und Können, als Sie jemals die Chance haben vermitteln zu können. Das ist auch gut so. Man kann jedoch feststellen, dass bis zu einem mittleren Anforderungsniveau methodisch kompetente Lehrer durchaus einen relativ erfolgreichen Unterricht machen können, auch wenn sie jeweils nur die berühmte eine Lektion im Voraus sind. Ich habe ein Jahr lang in England mit ganz guten Ergebnissen Französisch unterrichtet, obwohl mein Französisch nicht den geringsten Ansprüchen standhält. Ich habe mich eben immer besonders gut vorbereitet, konnte alle sprachlichen Klippen aus tiefstem Herzen nachempfinden, habe alle methodischen Register gezogen, viele Tonträger und noch mehr stille Impulse eingesetzt.

Also: Gute Lehrerinnen müssen methodisch einfach fit sein. Sie sollen und müssen an Ihrem methodischen Repertoire so viel arbeiten, wie Sie können, am besten Ihr ganzes Berufsleben lang. Methodisches Können bringt Struktur in das Chaos. Wirklich! An dieser Stelle lohnt es sich wie an keiner anderen, viel zu lernen. Ich weiß, dass ich mich in diesem Punkt wiederhole und wiederholen werde. Verzeihen Sie es mir. Ich setze in diesem Fall Wiederholung als methodische Verstärkung einer mir ganz wichtigen Aussage ein.

Und nun zum Zwischenmenschlichen: „Seien Sie authentisch!", wird Ihnen vielleicht wohlmeinend und durchaus zutreffend von Ihren Ausbildern gesagt. Nur – was ist das? Das sowieso sehr flüchtige und unzuverlässige Ego entflattert, wenn man es definieren soll. „Seien Sie einfach ganz normal! Seien Sie Sie selber!" Aber wie bin ich bloß?, fragt man sich angesichts 30 unaufmerksamer Siebtklässler. – Seien Sie Mensch! Vielleicht können Sie damit etwas anfangen. Ich will Sie nicht dazu überreden, nun unentwegt „die Sau rauszulassen", aber ich erinnere mich gut daran, welche Erleichterung mir meine erste unpädagogische Antwort verschaffte.

Ich hatte eine Stunde wirklich gut vorbereitet und fand, dass die Schüler total unaufmerksam waren und meine Mühen überhaupt nicht würdigten. Plötzlich war ich es leid, warf meine pädagogisch-didaktischen Handschuhe ab und antwortete auf die zickige Schülerfrage: „Sind Sie schlecht gelaunt?" nicht mit einem erzwungen milden, abwehrenden Lächeln, sondern mit einem klaren patzigen „Ja!" Der Himmel fiel nicht auf mich herab, die Klasse war ruhig, ich unterrichtete, sie lernten im Wesentlichen, ich lernte auch und war zum Schluss außerordentlich gut gelaunt. Natürlich sollen Sie nicht ständig Ihren persönlichen Frust an den Schülern auslassen (das würde ich als gemeines Ausnutzen der Machtverhältnisse empfinden), aber Sie brauchen sich auch nicht dauernd grinsend zu vergewaltigen. Wenn Sie Ihren Teil des „Vertrags" erfüllt haben – nämlich guten Unterricht anzubieten –, können Sie mit Fug und Recht erwarten, dass sich die andere „Partei" an die Abmachungen hält.

Von Schülerbeschimpfungen halte ich nichts. Ich glaube nach wie vor fest an die Regel, dass unsere Lehrersprache reversibel sein soll. „Ihr seid der letzte Affenstall!" oder „Was willst du, du Tante?" sind zugegeben irgendwie komisch und auf Grund der Vorerfahrungen eines Teils unserer Schüler sogar wirksam (weil vertraut); sie dienen aber nicht unseren Erziehungszielen, jedenfalls kann ich das nicht erken-

nen. Als ich aus dem zugegeben politisch überaus korrekten Neuseeland wieder in deutsche Schulen zurückkehrte und in einer kleinen Grundschule ein Lehrer auf dem Flur hinter einem Schüler herrief: „Wenn ich dich noch mal erwische, kommst du in die Suppe!", dachte ich, ich wäre im falschen Film.

Authentizität heißt auch, dass meine Äußerungen zusammenpassen. Es ist nicht authentisch, wenn eine Lehrerin ihre Schüler lobt und dabei vor lauter Anspannung ein böses Gesicht macht oder schimpft und dabei lächelt. Die Schüler erleben diesen Missklang zu Recht als verunsichernd. Sie wissen nicht, ob nun die verbale oder die mimische Äußerung „gilt", und werden auf Nummer Sicher gehen und beides ignorieren. Wenn wir uns widersprüchlich ausdrücken, entwerten wir unsere eigenen Aussagen (mehr dazu im Kapitel „Transparenz").

Noch eine Anmerkung zur Rolle des guten Freundes und Kumpels: Sie ist schwierig und bedeutet immer die absolute Gratwanderung. Die Schwierigkeiten entstehen meist weniger beim Unterrichten (vor allem beim Sportunterricht scheint dieses Verhältnis ganz gut zu funktionieren) als beim Beurteilen – wenn nämlich die gute Lehrer-Freundin, die um ein Schüler-Vertrauen geworben hat und der ich es endlich geschenkt habe, mir eine Fünf verpasst oder eine andere unfreundliche Entscheidung trifft, die zu ihrer Lehrerrolle gehört. Ganz furchtbar wird es, wenn ich das dann noch einsehen soll. Vor einiger Zeit kamen Schüler empört zu mir und erzählten von einer Kollegin, die sie dazu zwingen würde, „du" zu ihr zu sagen. Hier führt sich die Sache natürlich ad absurdum. Ein schlechtes Lehrer-Schüler-Verhältnis lässt sich keinesfalls durch „Rumkumpeln", hier eher Anbiedern vor der Klasse, verbessern. Ich möchte Ihnen schließlich zum Thema Führungsrolle nicht den Satz eines inzwischen pensionierten Schulrates vorenthalten, den ich nur aus der Überlieferung kenne, der mich aber zutiefst beeindruckt hat. Als ein Lehrer ihm bei einer Lehrprobe mitteilte, dass das Misslingen einer Phase darauf zurückzuführen sei, dass er „sich einfach nicht entscheiden konnte", wurde er der Sage nach abgebügelt mit: „Sie wollen so viel verdienen wie ein Stabsoffizier und können noch nicht einmal eine methodisch-didaktische Entscheidung treffen?!" Also, überlegen Sie gut, aber zaudern Sie nicht unschlüssig herum. Meist geht es in unserem Beruf nicht direkt um Leben und Tod!

Gute Stunden ...
brauchen Inhalt und Methode

Und noch ein paar Dinge. Vielleicht interessiert Sie das an dieser Stelle noch nicht. Dann überschlagen Sie dieses Kapitel erst einmal. Spätestens vor Ihren ersten eigenen Stunden und allerspätestens vor Ihrer ersten „Vorführstunde" kann es hilfreich sein. Denn nichts nimmt so sehr den Mut, als von den Ausbilderinnen bescheinigt zu bekommen, dass Ihre Schüler nicht wissen, was sie tun, dass Sie ein Lernziel weder formulieren noch evaluieren können, dass Sie keine Ahnung von didaktischer Reduktion haben – von den sachstrukturellen Voraussetzungen ganz zu schweigen – und dass die von Ihnen eingesetzten Medien und Methoden nur Effekthascherei waren und nicht zum Inhalt passten. So schlimm wird es bei Ihnen nicht kommen, aber vorbeugen hilft, und ich will versuchen, einige der für die Stundenplanung relevanten Termini zu verdeutlichen:

Inhalt und Methode gehören zusammen, wie Weg und Ziel, wie Kompetenz und Performanz, wie Wein und Fass oder Flasche. Dass jede Flüssigkeit ein Gefäß braucht, ist eine Binsenweisheit und ich erwähne es nur, weil ich in meinem Schulleben immer wieder Phasen erlebe, wo in unserem eigenen Berufsstand die Befürworter des gewichtigen und wichtigen Inhalts gegen die leichtfüßigen „blinden Aktivisten" und „Methodenfanatiker" antreten. Überspitzt sieht der Konflikt in etwa so aus: Die einen bepacken einen Korb mit schwerem Vollkornbrot und erwarten von den jungen Menschen, dass sie begeistert danach springen. Von sich behaupten sie, sie hätten Niveau und Ansprüche, und sehen selbstgerecht auf jene herab, die sich auf das Niveau der zuckersüchtigen und spielversessenen Generation herablassen und ihnen Soft Drinks und Fast Food mundgerecht servieren. Diese wiederum vermuten, dass die „niveauvollen" Kollegen ihre wichtigen Inhalte nicht vermitteln könnten, weil sie nicht über das wichtigste Handwerkszeug unseres Berufes verfügten, nämlich die Methoden, und so den Trend der Zeit in ihrem Elfenbeinturm verschlafen hätten, was sie sich wiederum nur leisten könnten, weil sie eben Beamte seien und ihr Geld sicher und leistungsunabhängig bezögen. Es gibt auch Steigerungen: Auf der einen Seite wird akademischer Dünkel vermutet, auf der anderen Seite hemdsärmeliges und hirnloses „Gutmenschgetue". Diese Debatten sind nach meiner Beobachtung an Oberschulen verbreiteter als an Grundschulen. Insgesamt tragen sie nicht dazu bei, unseren Berufsstand aufzuwerten. Genauso wenig wie es Ihnen hilft, wenn die lieben altgedienten Kollegen Ihr Nachdenken über Methoden und Ihre in nächtlicher Heimarbeit mühselig erstellten Medien mit mitleidigem Lächeln und der Bemerkung kommentieren: „Mach mal, ist ja rührend. Das gibst du später ganz schnell auf!"

Lassen Sie sich nicht verwirren. Es ist so, wie Sie es sich schon immer gedacht haben: Methode und Inhalt sind siamesische Zwillinge – sie sterben, wenn man sie trennen will. Sie werden dann als Lehrerin erfolgreich arbeiten, wenn Sie es schaffen, die geeignete Symbiose herzustellen.

In Ihrem Studium haben Sie diesen dialektischen Gleichklang wahrscheinlich weniger erlebt: Den meisten von uns ist es so gegangen, dass wir uns einen großen Fundus an Inhalten erarbeiten durften, mit Methoden jedoch sehr knapp gehalten wurden. Was einem Berufsanfänger also meist nicht fehlt, sind die Inhalte an sich. Viel schwerer fällt es, die Inhalte so zu reduzieren, dass das Wesentliche nicht verloren geht. Noch schwerer ist es, dem Inhalt eine Form oder Oberfläche zu geben, die hinreichend benutzerfreundlich ist, also dem Lerner attraktiv erscheint und ihm den Zugang ermöglicht.

Bleiben wir doch beim Wein und nehmen ihn als unseren Inhalt: Wir haben festgestellt, es ist wichtig, dass unsere Schüler diese Flüssigkeit kennen lernen. Das ist die Relevanz des Lerngegenstandes. Unsere Tochter schlug an dieser Stelle meiner Gedanken vor, Wein durch Schokolade und Weinfass durch Verpackung zu ersetzen. Das heißt, dass Sie das Folgende entsprechend Ihren Prioritäten im Leben auf ein angemessenes Produkt transferieren müssen. Ich bleibe beim Wein. Zunächst wählen wir also aus der Vielzahl der Weine einen aus, der das Besondere und das Wesentliche dieser Flüssigkeit zum Ausdruck bringt. Hier wählt der Fachmann – nach objektiven und subjektiven Gesichtspunkten. Es ist klar, dass der Wein weder in der Nähe des Essigs

noch in der des Saftes liegen und dass er Alkohol enthalten soll. Die Geschmacksrichtung bleibt Ihnen (im Rahmen des Rahmenplans!) überlassen. Das ist die didaktische Reduktion. Sie erfordert hohe Sachkenntnis, denn um das Richtige auszuwählen, muss man das Wesen des Gegenstandes kennen und auch das Wesentliche und die Schwierigkeiten für den Lerner antizipieren können. Spätestens hier muss ich mich auch fragen, was ich mit kennen lernen meine. Sollen die Schüler die Blume und den Abgang differenziert wahrnehmen oder sollen sie möglichst schnell betrunken werden? Also, man muss sich über die Sache noch etwas klarer werden: Wenn Sie zum Beispiel die Uhrzeit auf Englisch unterrichten (nachdem Sie und der Rahmenplan festgestellt haben, dass das relevant ist), müssen Sie die Sache strukturieren. Was ist am wichtigsten? Analog oder digital? Wo ist das Prinzip anders als im Deutschen? Aha, im Englischen bezieht man sich bei der halben Stunde noch auf die Vergangenheit (half past three), im Deutschen dagegen schon auf die kommende Stunde (halb vier). Dort benutzt man die 12-Stunden-Uhr, bei uns die 24-Stunden-Uhr. Hier muss ich also einen Schwerpunkt legen. Will ich alles auf einmal unterrichten? Wohl kaum. Was ist schwer, was ist leicht? Man kommt zu didaktischen Entscheidungen, z. B., zuerst mit der analogen Uhrzeit anzufangen, mit viertel und halben Stunden. Was sollen die Schüler genau machen? Sollen sie den Wein (das Input) nur herunterschlucken oder sollen sie ihn in kleinen Schlückchen verkosten und die Geschmacksrichtung notieren? Im Unterricht muss ich also wissen, was sie sagen sollen und was sie schreiben können. Kann man den Inhalt leicht transferieren und anwenden? Soll das schon in dieser Stunde passieren oder werden die Schüler erst in der nächsten Stunde Rollenspiele machen, in denen Fragen nach der Zeit und Zeitangaben eine Rolle spielen? Wie groß soll die Fehlertoleranz sein?

Als Nächstes muss ich wissen, was für eine Bedeutung das von mir Ausgewählte für die Schüler hat. Haben sie schon einmal Wein getrunken? Was wissen sie über Wein? Was ist für sie am Wein interessant? Was wissen sie über Getränke im Allgemeinen? Wie viele trinken regelmäßig Wein zum Essen? Wie viele mögen Traubensaft? Wie viele haben schon bei der Weinernte geholfen? Welche Sorten trinken ihre Eltern? Gibt es Familien, in denen aus religiösen oder gesundheitlichen Gründen überhaupt kein Alkohol getrunken wird? Welche Schwierigkeiten ergeben sich aus den unterschiedlichen Voraussetzungen? Manche nennen das den sachstrukturellen Entwicklungsstand. Wenn wir an die Uhrzeit denken, stelle ich mir Fragen wie: Von welchen Kenntnissen der Zahlen kann ich ausgehen? Was haben die Schüler in der letzten Stunde gelernt? Welche Schüler kennen schon die englische Uhrzeit? Haben sie digitale Armbanduhren oder analoge? Welche Zeitangaben spielen in ihrem Leben eine Rolle? Wann und wo ist es für sie wichtig, pünktlich zu sein? Ich muss auch wissen, wie Zeitbeschreibungen z. B. in der türkischen Sprache funktionieren, wenn ich viele türkische Schüler habe. Alle diese Entscheidungen haben zunächst nichts mit der Methode und den Medien zu tun. Es geht um die Sache, den Lerngegenstand und seine Beziehung zu den Lernenden bzw. seine Bedeutung für sie.

Nachdem das „Was?" und „Warum?" – der Inhalt – geklärt ist und wir mit höchster Sorgfalt den Wein, die Menge der Flüssigkeit und das Ziel des Unternehmens unter Berücksichtigung der Lernvoraussetzungen und -bedingungen der kleinen Trinker ausgewählt haben, stellt sich nun die Frage nach „Womit?" und „Wie?", d. h. nach Medien und Methoden. Wir brauchen ein Gefäß, das von seiner Erscheinung anspricht und nicht zu groß und nicht zu klein ist, das für den Betrachter anregend, aber noch überschaubar ist, ein nettes Fässchen, das die Motivation und das Interesse erweckt, um genauer nachzuschauen, was in diesem Gefäß verborgen ist. Das ist das Medium. Sie werden also nach geeigneten Texten suchen, einem ansprechenden Layout, nach Bildern, Pappfiguren, Videos, Liedern, Hörspielen und Realgegenständen. Unser Fässchen ist nun also da und auch schön anzusehen, es ist aber völlig nutzlos, wenn man nicht an den Inhalt herankommt. Leider sind die meisten Fässchen zu!

Das Gefäß braucht Öffnungen und Schläuche, die den Zugang ermöglichen. Diese Öffnungen findig hier und dort anzulegen und die Entnahme für alle zu ermöglichen, für Kleine und Große und solche mit großen und kleinen Mündern, losen und festen Zahnspangen, alkoholgewohnte Systeme und andere – das ist die Methode. Man kann den Inhalt zerlegen und zusammensetzen, altes Wissen mit neuem verknüpfen, man kann einem Vortrag zuhören und Notizen machen, man kann vor dem Vortrag Vermutungen anstellen und diese nachher verifizieren, man kann Bildern zuordnen, Schlüsselwörter identifizieren, Fragen beantworten oder frei assoziieren, pantomimisch und dramatisch darstellen, präsentieren, berichten oder interviewen, deduktiv oder induktiv arbeiten. Alles das ist möglich. Je mehr von diesen unterschiedlichen Wegen wir anbieten (Methodenvarianz), umso sicherer können wir sein, möglichst viele Schüler zu erreichen. Hier bringen Sie auch Ihr im Studium erarbeitetes Wissen über Lernpsychologie ein. Motivation soll entstehen. Nutzen Sie die Neugier, die durch Hypothesenbildung entsteht, das Aufwachen, das durch kognitive Dissonanzen zum Beispiel in der Einführungsphase erzielt werden kann, die Genugtuung, die durch „Recht haben" bei der Verifizierung entsteht. Paradoxe wirken unglaublich. Sie kennen alle „Denken Sie nicht an einen Elefanten!" Es funktioniert perfekt. Meine Schüler teilen Vokabeln oft ein in „leicht", „geht so" und „unmöglich lernbar". Welche wissen sie nachher am besten? Die „Unmöglichen". Nutzen Sie Visualisierungen und mentale Bilder. Viele meiner Schüler lesen während der Arbeit die schwierigen Wörter von der rechten oberen Ecke im Raum ab – wo sie bis zur Arbeit standen –, obwohl da nun nur noch ein weißer Platz ist. Sie lesen einfach das erinnerte Bild. Alles sehr spannend. Sie dürfen probieren und Sie müssen probieren! (Mehr zu Methoden in den Kapiteln „Stress" und „Transparenz".)

Dabei müssen wir immer daran denken, dass Menschen unterschiedlich lernen und dass unsere Schüler nur zu einem sehr kleinen Teil so funktionieren wie wir. Manche können besser mit geschlossenen Augen kosten, die anderen wollen etwas sehen. In Abwandlung des Sprichwortes kann man hier sagen: „Das Auge trinkt mit." Die einen kosten langsam in kleinen Schlucken, die anderen wollen einen Mund voll nehmen und damit ein bisschen herumgehen. Die einen brauchen die Produktbeschreibung, die anderen stört das Lesen beim Genuss. Das bedeutet für uns, die verschiedenen Lerndispositionen im Auge zu behalten: die visuellen, die auditiven, die Kinästheten, die Professoren, die Entdecker, die Querdenker und die Geselligen und die vielen, vielen „Mischformen". Es ist empfehlenswert, sich über Lerntypen und multiple Intelligenzen zu informieren, wenn Sie das in Ihrem Studium noch nicht getan haben. Lesen Sie Autoren wie Frederic Vester und Howard Gardner – sehr spannend! Es ist nicht nötig, die Klasse zu testen, denn Sie können davon ausgehen, dass Sie fast alle „Typen" vor sich haben. Eine Kategorisierung der Schüler hat nach meiner Auffassung für die Unterrichtspraxis wenig Wert, wichtig ist jedoch, ein Feld verschiedener Herangehensweisen anzubieten, damit sich die Lerner die für sie selber geeigneten Lernstrategien aneignen können.

Also, wie ist das mit der Sozialform? Klar, der richtige Genuss kommt oft erst bei einer gemeinsamen Verköstigung zustande. Wie kann man den Inhalt gemeinsam entdecken und zu sich nehmen? Trinken sie einer nach dem anderen oder zu zweit oder alle auf einmal? Trinkt erst der Innenkreis und dann der Außenkreis? Spricht man nach jedem Schluck oder trinkt man zunächst allein und macht sich Notizen für das Protokoll, um sich nachher auf dieser Grundlage mit anderen auszutauschen?

Wie kann man diesen Mündern ermöglichen, selber neue Entnahmemöglichkeiten zu entdecken, und so nicht nur die fachliche und methodische, sondern auch die soziale und kommunikative Kompetenz der Lerner entwickeln? Sie sollen ja nicht nur die von uns gemachten Öffnungen benutzen, sondern lernen, ihre eigenen Zugänge anzulegen, selber neue Fässchen zu „designen" und Weinsorten vorzuschlagen, Weinberge zu besuchen und über die Ergebnisse Rechenschaft abzulegen. Hier geht es um Schlüsselkompetenzen, Arbeitstechniken und die Entwicklung des autonomen Lerners, der, auch nachdem er uns verlassen hat, seinem lebenslangen Lernprozess nachgeht.

Als ich „in die Lehre" ging, erlernte ich den didaktischen Dreisatz: Wo stehe ich? Wo will ich hin? Wie mache ich das? Nun sind inzwischen doch zwei Jahrzehnte der Schülerorientierung ins Land gegangen, also empfehle ich Ihnen den didaktischen Viersatz:
- Wo stehen die Schüler?
- Wo wollen wir mit ihnen hin?
- Wie können wir den Weg finden und ebnen und was brauchen wir dazu?
- Wie überprüfen wir das Gelernte?

Diese Spirale findet man inzwischen auf allen Ebenen, z. B. auf der der Schulentwicklung und der Unternehmensberatung, wieder: Vom Ist-Zustand bis zur Evaluation. Es bezieht sich auf einzelne Stunden sowie auf Unterrichtsabschnitte.

Schauen wir uns die Schritte genauer an, dann kann bei Ihren „Vorführstunden" nichts mehr schief gehen.

1. Bei „Wo stehen die Schüler?" kann man sich schon sehr vertun, denn die Schüler stehen keineswegs da, wo Sie in der letzten Stunde das Buch zugeklappt haben. Was Sie persönlich „gemacht" und „durchgenommen" haben, ist irrelevant. Machen Sie sich klar, was die Schüler bisher gelernt haben, was sie auf jeden Fall wissen und können und was einzelne und manche wissen können und welche Eventualitäten es noch gibt. Den Wissensstand der Schüler an sich gibt es sowieso nicht. Er wird bei jedem Schüler anders sein – seine Motivation, sein Interesse und seine privaten und schulischen Erfahrungen auch. Dazu kommen noch eventuelle Störungen, je nachdem, was der Schüler am Abend zuvor zu Hause oder in der Sportstunde vorher erlebt hat und welche Händel er gerade mit seinen Mitschülern hat.

2. „Wo wollen wir hin?" bezieht sowohl die didaktische Reduktion des Inhalts oder Lerngegenstandes als auch die Voraussetzungen ein, die Sie bei Ihren Schülern antreffen. Sie formulieren Ihr Ziel. Dabei wird es wahrscheinlich einige Ziele geben, die Sie langfristig verfolgen (wollen und sollten), wie z. B. den Aufbau methodischer und sozialer Kompetenzen, oder z. B. Üben von Selbst- und Partnerkontrolle. Diese werden oft übergeordnete Ziele oder Intentionen genannt. Es gibt die konkreteren Ziele, die sich auf den aktuellen Unterrichtsabschnitt oder die Stunde beziehen. Stellen Sie sich vor, was Ihre Schüler sagen könnten, wenn sie abends von Oma gefragt werden, was sie heute gelernt hätten. Das muss nicht immer etwas Neues sein – es wird oft die Anwendung eines Prinzips oder die Übung, Festigung oder das Training von Fertigkeiten sein. Sie haben gut unterrichtet, wenn die Fragen oder Aufforderungen der Oma „Zeig mal!", „Mach mal vor!", „Erzähl mir davon!" beantwortet und befolgt werden können. Also: „Oma, frag mich mal, wie viel Uhr es ist, und ich antworte dir auf Englisch!" Oder: „Ich kann dir jetzt das ohmsche Gesetz erklären!"

3. „Wie machen wir das?" bezieht sich sowohl auf das Medium als auch auf die Methode. Sie müssen zu dem passen, was Sie vermitteln wollen. Wenn ich überfliegendes Lesen üben will, brauche ich selten ein Springseil und werde wahrscheinlich auch nicht das Chorsprechen einsetzen. Beides kann aber sehr hilfreich sein, wenn ich mich mit Rhythmik, Dynamik oder Intonation englischer Sprachmittel beschäftige. Auch bei der Methode sind die Voraussetzungen, die Sie vorfinden, sehr wichtig. Wenn in einer Stunde als völlig neue Elemente Gruppenarbeit, Partnerarbeit und Selbstkontrolle vorkommen – in einer Klasse, die bisher nur frontal im fragend-entwickelnden Gespräch unterrichtet worden ist –, geht die Sache wahrscheinlich schief. Das liegt nicht an den Methoden selber, sondern daran, dass sie an dieser Stelle in dieser Vielzahl nicht passen. Es kann auch sein, dass Sie die Methode zum Unterrichtsgegenstand machen müssen. Ich habe einmal fast eine ganze Unterrichtsstunde geübt, wie man sich möglichst schnell und leise in einen Doppelkreis begibt, nachdem ich den jungen Menschen erklärt hatte, welche Vorteile es hat, im Doppelkreis zu arbeiten. Man kann sich bei diesem harmlosen grafischen Bild zunächst nicht vorstellen, wie Schüler dieses Kreisgebilde umsetzen. Die Möglichkeiten, was man mit sich und dem Mobiliar alles so machen kann, sind unendlich. Natürlich spielt der soziale Aspekt eine große Rolle bei den so genannten Sozialformen. Wenn ein Schüler Angst vor anderen hat oder davor, dass keiner „mit ihm will", kann das bloße Wort „Partnerarbeit" sein Gehirn total blockieren und Angst und Aggression auslösen. Er wird vor dem Weinfass wegrennen und sowohl seinen Schlauch kaputtmachen als auch die Schläuche der anderen. Überlegen Sie sich vorher – zusammen mit erfahrenen Kollegen –, was Sie mit Schülern machen, die ausgegrenzt sind oder einfach nicht mit anderen können oder wollen. Die so genannte Methodenvarianz, das Erstellen eines eigenen Methodenrepertoires, wird wahrscheinlich zu Ihren kommenden wichtigsten Aufgaben gehören. Methoden müssen motivieren und den Lerner zum selbstständigen Lernen führen. Über Methoden kann man in jedem praktisch orientierten fachdidaktischen Werk lesen, allgemeinere und trotzdem praxisbezogene Aussagen findet man z. B. bei Autoren wie Hilbert Meyer und Heinz Klippert oder unter Stichworten wie SOL, PSE, EVA, Methodenbaukästen, Methodentraining, u. Ä. Lassen Sie sich zunächst nicht davon verwirren, dass die Autoren ihre Herangehensweisen nur zum Teil Methoden nennen, manche definieren ihre Wege auch als Systeme oder Konzepte. Ich messe den Wert pragmatisch daran, wie gut sich der empfohlene Weg eignet, die jungen Menschen zu eigenem, verantwortlichem und lernzielorientiertem Handeln zu führen. Das Allerbeste an guten Methoden, Medien und Wegen ist aber, dass sie in der Unterrichtssituation

Entlastung und Stressreduktion ermöglichen. Nachdem ich selber oft erfahren habe, wie ich mich durch geeignete Methoden schonen kann, ist es mir unbegreiflich, warum manche Lehrer immer noch Stunde für Stunde ihre Schüler frontal „voll dröhnen". Abgesehen von allen pädagogischen Erwägungen wäre mir das viel zu anstrengend. Lieber bereite ich mit etwas mehr Mühe die Aktivitäten der Schüler vor, als nachher wie aus dem Wasser gezogen den Raum zu verlassen. Noch ein Wort zu den beiden üblichsten Fallen: Ich erlebe an meiner Schule oft gelangweilte Schüler, die fast vom Stuhl fallen, weil sie den gleichen Text 15-mal „machen", weil der verzweifelten Lehrkraft kein anderes Gefäß (Medium) als der Text einfiel und kein anderer Schlauch (Methode) als die Wiederholung der schon gesagten (und nicht verstandenen oder für die Schüler bedeutungslosen) Erklärungen. Das ist die methodische Falle der sinnlosen Wiederholung. Die andere Falle des „Weniger ist mehr" habe ich als junge Lehrerin selber erlebt: Ich habe meine Inhalte immer mehr und mehr reduziert, weil ich keine geeigneten Methoden zur Verfügung hatte und meinte, wenigstens das Wenige würden sie dann wissen. Falsch. Es wurde nur alles unendlich langweilig – für die besseren Schüler. Die Schwächeren verstanden auch das Wenige nicht, weil es nicht um den Umfang ging, sondern um die Art und Weise der Darbietung. Die Folge waren Arbeitsverweigerung und Disziplinprobleme.

Hätte ich damals mehr Methoden „auf der Pfanne" gehabt, wäre mir das so nicht passiert. Das kommt aber. Sie lernen das ja noch alles.

4. „Wie überprüfe ich das?" ist nicht nur wichtig für die Notenfindung, sondern auch und vor allem für das Erfolgserlebnis der Schüler und die Bestimmung ihres Lernstandes und damit für die Orientierung in ihrem eigenen Lernprozess. Ideal ist, wenn sie mit dem Gefühl aus der Stunde kommen: „Jetzt kann ich das und das." Es ist auch wichtig für Ihre weitere Planung. Wenn Sie feststellen, dass viele Schüler das Ziel nicht erreicht haben, müssen Sie es eben noch mal und anders probieren, es reicht nicht, wenn Sie es „durchgenommen" haben. Die Analogie zum Wein hat hier ihre Grenzen – aber vielleicht könnte man sich vorstellen, die Schüler vorher und nachher zu wiegen, ihre Zufriedenheit an den Gesichtern abzulesen, die Trinkprotokolle zu lesen und den Grad der Alkoholisierung daran zu messen, ob sie einen Faden einfädeln können oder nicht. Sicherungsphasen können ganz vielfältig sein. Sie reichen von simplen physischen Reaktionen (alle stehen auf oder klopfen auf den Tisch, wenn eine richtige Aussage vorgelesen wird) bis hin zu komplexen Dingen wie Aufsätzen, Podiumsdiskussionen, Quizveranstaltungen, Umfragen und Rollenspielen. Keinesfalls bedeutet Evaluation immer das Ausfüllen von Tests, Fragebögen etc. Wenn Sie ein Arbeitsblatt ausfüllen lassen, ist es sinnvoll, sich das eine oder andere mit nach Hause zu nehmen, um genauer hinzusehen, was Ihre Lerner aus Ihren Arbeitsaufträgen gemacht haben. Damit ist man wieder am Anfang des Zyklus und ermittelt den neuen „Ist-Zustand". Sicherungsphasen sind wichtig, aber vergessen Sie nicht: Bevor Sie etwas sichern, muss erst einmal jemand etwas gelernt haben. Vor lauter Angst, die Standards nicht zu erreichen, wird hin und wieder mehr getestet als unterrichtet. Und hier scheint mir der landwirtschaftliche Vergleich angemessen: Vom dauernden Wiegen werden die Schweine nicht fetter.

Bei der Planung der einzelnen Unterrichtsphasen ist wichtig, dass sie sowohl logisch als auch vom Schwierigkeitsgrad her sinnvoll miteinander vernetzt sind und durch entsprechend klare Impulse über- und eingeleitet werden. Ganz wichtig ist, dass Ihre Schüler möglichst aktiv sind, bis hin zum Idealzustand, dass sie auch Methoden, Medien und Inhalte vorschlagen, selber gestalten und ausprobieren. Fragen Sie sich immer: Wie können meine Schüler möglichst viel machen? Was können sie genau machen? Welche meiner Aktivitäten kann ich an die Schüler abgeben? Wie können sich die Schüler einbringen? Welche Entscheidungen können sie treffen? Es gibt Schülergruppen, die Texte vorschlagen, mitbringen, in Druck geben und dann Vorschläge machen, wer was, wie und mit wem mit dem Text machen könnte und welche Möglichkeiten der Dokumentation es gäbe. Wirklich! Das kommt vor. Für mich gehören diese Erlebnisse – „Schüler als Macher, ich als Moderatorin" – zu den absoluten Sternstunden.

Nochmal zurück zur Planung der Phasen in Verbindung mit Schülerorientierung: Mir hilft es immer sehr, die Phasen aus der Sicht der Schüler aufzubauen. Ich überlege mir, was die Schüler in wörtlicher Rede denken könnten. Zum Beispiel könnten sie bei der Einführungsphase denken: „Was ist denn jetzt los? Ach, das ist ja interessant. Da weiß ich schon etwas. Das macht Spaß. Hier kann ich mitmachen, ohne mich zu blamieren." Bei der Input- oder Darbietungsphase könnten sie denken: „Ach ja, das ist neu, aber ich verstehe das schon. Da habe ich, glaube ich, etwas noch nicht verstanden, da mache ich mir eine Notiz, da muss ich nachfragen."

Bei einer Strukturierungsphase könnten die Gedanken sein: „Aha!!! So passt das zusammen. Jetzt versteh ich das!" So geht es weiter bis hin zu einer Sicherungs- oder Präsentationsphase, wo man denken könnte: „Ich glaube, ich kann das. Mal sehen, ob ich Recht habe und wie viel ich kann." Oder: „Jetzt zeige ich den anderen mal, was ich gelernt habe."

Es gibt noch einen anderen „Trick", der mit dem eben genannten zusammenhängt. Eigentlich ist es auch kein Trick, sondern genau wie die oben beschriebene „Schülerorientierung in wörtlicher Rede" ein perspektivischer Wechsel: Zäumen Sie das Pferd von hinten und von vorne gleichzeitig auf. Sie brauchen natürlich erst mal einen Lerngegenstand, damit das Pferd in eine Richtung schauen kann. Bevor Sie das Ziel genauer definieren, überlegen Sie sich ganz genau, wie das gewünschte Endverhalten aussehen soll. Was sollen Ihre Schüler genau machen oder sagen können? Wie soll die Performanz aussehen? Damit meine ich nicht den Grundgedanken „Die fassen das dann zusammen!", sondern das tatsächlich Sichtbare oder Hörbare. Weil Sie nicht von allen das Gleiche verlangen können, stellen Sie sich ein Spektrum vor, z. B. einen Vortrag auf drei verschiedenen Ebenen der Ausführlichkeit. Formulieren Sie ein Beispiel selber – wie einen Erwartungshorizont. Der Gedankenfetzen „Dann gehen sie zu zweit nach vorne und tragen ihre Ergebnisse vor!" reicht nicht – schon gar nicht, wenn es um das Stundenende geht, wobei ich die mentale Verführung „Das wird dann schon irgendwie gut gehen!" gut kenne. Manchmal klappt es – meistens nicht. Sie sollten sich auch ein möglichst klares mentales Bild von den Begleitumständen der gewünschten Performanz machen. Stellen Sie sich im Detail vor, wie sich das anhören wird und wie das aussehen könnte. Stehen sie alleine da oder mit ihrem Partner? Was macht der Partner? Zeigt er etwas? Zeichnet er an der Tafel? Schreibt er Wörter an die Tafel? Unterstützt er seinen schwitzenden Partner als Souffleur mit einem Spickzettel? Was wird von dem Vortrag erwartet? Gibt es Kriterien – eine Mindestanzahl an Informationen zum Beispiel? Es hilft, den genauen Wortlaut der Arbeitsaufträge untereinander aufzuschreiben. Wenn es zu ausführlich wird, ist es falsch!

Wenn Sie Klarheit darüber haben, was die vortragenden Schüler machen können und sollen, geht es darum, was die anderen fünfundzwanzig jungen Menschen tun können, damit nicht nur die wenigen Vortragenden von dem Geschehen profitieren. Welchen Hörauftrag oder Sehauftrag bekommen sie? Finden sie mit Absicht eingebaute Fehler heraus? Machen sie sich Notizen? Verifizieren sie vorher gemachte Vermutungen. Alles ist möglich – es muss nur durchdacht und konkret sein.

Nachdem Sie nun festgestellt haben, in welche Richtung das Pferd läuft und welche Leistung es genau vollbringen kann und soll, können Sie jetzt mühelos das Lernziel formulieren, das dem gewünschten Verhalten entspricht, und sich folgerichtig mit der Frage des richtigen Sattels und des entsprechenden Trainings befassen: Jetzt geht es um die Methoden, die Medien, die Demonstrationen und Aufgabenstellungen. Sie werden das Tier nicht vor Zuschauern über einen Wassergraben springen lassen, wenn es so etwas noch nie gesehen hat. Es muss das doch alles üben. Dazu brauchen Sie vielleicht Plastikplanen oder kleine Pfützen. Ein angehender Artist wird sich nach gelungenem Handstandüberschlag wahrscheinlich auch nicht gleich dem doppelten Salto von Trapez zu Trapez zuwenden. Genauso wenig geht es, den Schülern z. B. einzelne fremdsprachliche Vokabeln zu den Körperteilen zu vermitteln und dann einen Dialog beim Arzt zu verlangen.

Gehen Sie Schritt für Schritt vor! Was muss der Schüler alles können, um diesen Dialog vorspielen zu können? Welche sprachlichen Mittel braucht er genau? Wie übt er das? Wie schaffe ich die Sprechanlässe oder Situationen, in denen er das üben kann? Was braucht er dazu? Wie erkennen die Schüler die Struktur des Gegenstandes und die der Aufgabenstellung? Welche Hilfsmittel (Demonstration, Beispiele, Modelle) gibt es hier?

Die Frage der Hilfen ist besonders wichtig. Lernende brauchen Sicherheitsnetze, sonst bekommen sie Angst und verweigern die Leistung. Sicherheitsnetze sind in unserem Fall Wörter und Sätze an der Tafel, auf dem OH-Projektor, auf Plakaten an den Wänden, im Raum verteilte Antwortblätter, ein Partner, der die Antworten hat, ein Informationsbogen, der eigene Hefter, eine Grammatik, ein Lexikon, ein

Buch, ein Wörterbuch, eine Info-Ecke mit vielen hilfreichen Materialien, designierte Experten (andere Schüler) und natürlich auch die Lehrerin. Wir wollen aber um jeden Preis vermeiden, dass andauernd Schüler nerven: „Frau Müller, kommen Sie mal. Ich kann das nicht!". Erstens sollen sie lernen, sich selber zu helfen, zweitens ist das ein Ausdruck von Überforderung (oder Unlust), der meist zu Motivationsverlust führt, drittens können wir solche Stunden nervlich nur schlecht durchhalten. Sicherheitsnetze sind gleichzeitig auch vertrauensbildende Maßnahmen. Die Schülerin sollte z. B. denken: „Das ist schwer, aber ich kann das, weil ich es ja geübt habe und wenn es doch nicht klappt, kann ich auf das Blatt (den Spickzettel u. Ä.) zurückgreifen. Ich muss mich nicht blamieren, meine Lehrerin achtet darauf, dass ich Hilfe habe."

Manchmal klappt alles überhaupt nicht. Kommt auch vor! Manchmal liegt es an einem total verkorksten Lehrer-Schüler-Verhältnis, manchmal an Inhalt und Methode. Die schönsten Methoden helfen nicht, wenn es keine gegenseitige Achtung gibt. Man braucht aber auch etwas Durchhaltevermögen: Ich habe Fälle erlebt, dass Schüler, die sich als Gewohnheitstiere gegen neue Methoden zunächst gewehrt und die Lehrerin abgewehrt haben, nach einer Weile aber ihre Arbeit und die Vorbereitung honoriert haben und voller Anerkennung sagten: „Sie haben ja schon wieder alles so gut vorbereitet!" und nicht: „Iih, schon wieder Kreisgespräch!" Manchmal liegt es aber auch an den Inhalten: Zur Not muss man einen Inhalt aufgeben, weil einem weder ein geeignetes Gefäß einfällt oder in der Schule zur Verfügung steht noch der geeignete Schlauch da ist oder einfach, weil man sich verrannt hat.

Lassen Sie sich nicht entmutigen und probieren Sie aus! Eigentlich ist die Planung einer Stunde einfach und logisch. Wenn es zu kompliziert wird, ist Vorsicht angesagt. Meist sind Sie dann auf dem falschen Dampfer. Halten Sie nicht an Ihrer Planung fest, wenn Sie im Unterbewusstsein schon wissen, dass es so einfach nicht geht. Erzählen Sie die Stunde jemandem, der mit der Sache gar nichts zu tun hat, und hören Sie hin, was der oder die dann fragt, versteht oder nicht versteht. Manchmal hilft das, um die Sache völlig anders aufzuziehen oder von etwas loszulassen.

Zum anderen ist es schon so, wie die eingangs erwähnten Kollegen gesagt haben: Später planen Sie anders. Nicht jede Stunde Ihrer mehr als 20 Unterrichtsstunden wird über eine hieb- und stichfeste Argumentation für alle Entscheidungen und Phasen verfügen. Manche Stunden werden nicht so gut geplant sein, manche vielleicht kaum. Hauptsache ist, dass Sie wissen, wie es geht, dass Sie hin und wieder eine „Sternstunde" haben und methodisch die Grundlagen für eine Selbsttätigkeit der Schüler legen (siehe auch Kapitel Transparenz). Sie werden später ja auch lange Strecken Autobahn fahren und nicht immerzu einbiegen und rückwärts einparken, wie bei der Fahrprüfung. Außerdem wird alles besser, weil Sie ab jetzt pausenlos trainieren. Die Routine und die Erfahrung im Klassenraum sind zuverlässige, freundliche und effektive Helferinnen. Vertrauen Sie auf Ihre Lernfähigkeit. Einige Entscheidungen, über die Sie anfänglich eine ganze Nacht gegrübelt haben, fällen Sie später in Bruchteilen von Sekunden.

Noch ein Satz in eigener Sache: Ich hatte beim Schreiben dieses Kapitels große Schwierigkeiten mit dem Punkt, dass sich die exakt auf 45 Minuten geplanten Stunden mit ihrem modellhaften Ablauf oft nur schwer mit den Forderungen der Schülerorientierung, der Selbstorganisation, der Handlungsorientierung und der Binnendifferenzierung verbinden lassen. Ich denke, der Widerspruch ist offenkundig. Ich halte den 45-Minuten-Rhythmus von den modernen Anforderungen her für überholt (mehr dazu im Kapitel „Konkrete Utopie"), habe aber nicht die Hoffnung, dass sich die Anforderungen der 45-Minuten-Planung, die an Sie gestellt werden, in den nächsten Jahren ändern.

Präsenz ...
muss sein

Ohne Präsenz gibt es keine erfolgreiche Kommunikation und keine jener Verhaltensänderungen, die wir im Allgemeinen als Lernen beschreiben. Mit Präsenz meine ich nicht einen glückselig wabernden Hier-und-Jetzt-Rausch (dafür ist die Schule sowieso eine wenig geeignete Umgebung), sondern die Tatsache, dass Lernende und Lehrende körperlich und geistig anwesend sind und nicht den Prozessen ausweichen, die ablaufen sollen. Nur wer auch wirklich da ist, wer sich der Situation, den Anforderungen und auch den Konflikten stellt, kann ein Gegenüber für Schüler sein.

In wahrscheinlich Tausenden von deutschen Klassenräumen steht der Lehrer zu Anfang der Stunde in Ausfallstellung am Lehrertisch, kramt in seiner Tasche, sucht, murmelt etwas (Absichten, Drohungen, Bildungsintentionen, je nachdem) – das Wort „Ruhe" und die Wortreihe „wo-hab-ich-denn" nehmen hier meist tragende Rollen ein. Keineswegs ist er aber präsent vor einer Schülerschaft, die ihrerseits in hochgeschlossenen Freizeitjacken hinter ausladenden, noch verschlossenen Rucksäcken schon jetzt das Ende der Stunde erwartet. Im günstigsten Fall entsteht das Bild einer zufällig entstandenen Gruppe, im ungünstigsten Fall der Eindruck eines Lehrers auf der Flucht und einer Klasse auf der Durchreise. Eigentlich wollen alle ganz woanders sein und nehmen das schon mal vorweg.

Dieses Bild trifft meist nicht auf die Grundschule zu, da hier einerseits die Stunde und der Tag weitgehend mit Ritualen begonnen werden, andererseits man hier noch nicht unbedingt „cool" und „ohne Bock" sein muss.

Aus eigener leidvoller Erfahrung einerseits und einigen „Aha-Erlebnissen" andererseits weiß ich inzwischen, dass es darum geht, die richtige Einstellung zu finden. Unter anderem habe ich gemerkt, wie wichtig es dazu ist, sich mit beiden Füßen vor die Klasse hinzustellen. Allein dies „mit beiden Beinen auf der Erde", allein diese Stellung ver-

schafft mir eine Ausgangsposition, die ich jahrelang unterschätzt habe. Indem wir uns den Schülern stellen (im wahrsten Sinne des Wortes), machen wir es ihnen auch leichter, uns zu respektieren und zu achten. Eine verhuschte oder flüchtige Person (auch Zynismus schafft Distanz) ist kein echtes Gegenüber, sie wird eventuell auf Grund ihrer Funktion respektiert, aber nicht als Mensch.

Ich bin mir fast sicher, dass Ihnen das ziemlich unwichtig, albern und äußerlich vorkommt. Natürlich haben Sie Recht – es bedarf auch einer entsprechenden inneren Haltung. Das hängt aber nun mal zusammen. Ich habe erlebt, wie mir eine äußere Position hilft, eine innere einzunehmen. Eine Position, die sagt: „Hier bin ich und hier seid ihr und ich finde das in Ordnung. Ich habe euch etwas zu bieten, ich habe an euch Interesse, wir werden zusammen arbeiten und das geht jetzt sofort los!"

Über Körpersprache wird überall viel gesagt, zu Recht, sie ist ungemein wichtig. Bedauerlicherweise wird ihr in Verkaufstrainingsveranstaltungen mehr Aufmerksamkeit gewidmet als in pädagogischen Seminaren. Da wird oft ewig über die Definition der Lernziele erzählt, aber alle halten sich bedeckt, wenn es darum geht zu analysieren, was eine Lehrerin ausdrückt, die sich leicht gebeugt mit verschränkten Armen hinter ihrem Lehrertisch verschanzt. Es ist uns irgendwie peinlich, „so etwas" anzusprechen. Es berührt eine Intimsphäre. Kognitive Leistungen in Frage zu stellen ist uns dagegen nicht peinlich. Dabei ist für den Betroffenen die Aussage „Du wirkst gehemmt!" unter Umständen doch sogar eher zu verkraften als die meist sehr verschlüsselte Aussage: „Du bist dumm!" Denkt man.

Wie stark körperliche Haltung und innere Einstellung zusammenhängen, verblüfft mich jedes Mal wieder, wenn ich mit der Einstellung „Na, das wollen wir doch mal sehen!" in einen bekannt schwierigen Kurs, zum Beispiel als Vertretung, hineingehen muss. Wenn ich das vorher innerlich so richtig kultiviere, tun die Schüler meist „keinen Mucks". Ich muss gestehen, dass ich darüber schon einmal richtig enttäuscht war, weil ich – in streitsüchtiger Stimmung – geradezu einen Anlass gesucht habe, mich so richtig aufzuregen. Wahrscheinlich habe ich das so eindeutig ausgestrahlt, dass die Schüler eine klare Verhaltensanweisung aus meinem „Auftreten" abgeleitet haben.

Ausstrahlung und Präsenz hängen oft zusammen. Was macht einen guten Liebhaber aus? Er gibt mir das Gefühl, dass es für ihn im Augenblick nur mich gibt. Kaum denkt er an seine Lohnsteuerrückzahlung oder daran, dass er jetzt eigentlich wegmüsste, ist seine Ausstrahlung zum Teufel. Ich finde, da gibt es schon einige Parallelen. Sie müssen die Schüler ja nicht unbedingt lieben, aber in diesem Moment, in dem Sie vor ihnen stehen, sollten Sie nun auch in der Tat für sie da sein. Zur Präsenz gehört auch, dass wir vermitteln, dass wir mit gutem Grund vor der Klasse stehen: Wir haben etwas zu sagen. Wir strahlen aus: Was wir hier machen, ist wichtig! Wenn wir selber das nicht glauben, wie sollen es dann die Schüler glauben? Ich kann mir vorstellen, unter welchen Rahmenbedingungen in Neuseeland der PISA-Test stattfand: „Heute, Kinder, zeigen wir der Welt, was wir können!" In Deutschland kann ich mir unter anderem vorstellen, dass Lehrer unter Zuhilfenahme von entschuldigenden Gesten die Sache einleiteten mit: „Ich weiß auch nicht, was das soll, aber wir müssen diesen blöden Test machen. Wer fertig ist, darf früher nach Hause gehen!" In dieser Ausprägung handelt es sich sicher um eine Übertreibung, aber ich denke, es gibt da einen Kern. Bisher habe ich noch keine Ausführungen über die Rahmenbedingungen von PISA bezüglich unterschiedlicher Lernkulturen gelesen.

Präsenz bedingt auch Achtung und umgekehrt. Lehrer, die etwas sagen, während die ganze Klasse quatscht, murmelt oder streitet, brauchen sich nicht zu wundern, wenn sie nicht wichtig genommen werden. Nehmen Sie bewusst den Raum ein, den Sie brauchen, und bestehen Sie auch darauf. Also: Warten Sie, bis alle ruhig sind. Reden Sie erst dann weiter. Das ist oft sehr schwer, aber unbedingt notwendig. Wenn Sie in die Unruhe der Klasse hineinsprechen, werden Sie weder ernst genommen noch von allen verstanden. Klarer Blickkontakt nicht mit dem „Kollektiv Klasse", sondern mit dem Einzelnen ist notwendig. Persönliche Ansprache kann helfen, die Präsenz zwischen Ihnen und dem Schüler aufzubauen: „Vielen Dank, Ali, ich hatte auf dich gewartet!" Ich habe mit diesem Zaubersatz gute Erfahrungen. Ali verstummt, dabei wollte er eigentlich nur mal kurz Luft holen. In Zukunft reicht ein „Vielen Dank!". Ich habe mir diesen Trick von meinen englischsprachigen Vorgesetzen abgeguckt, die damit allen ungeliebten Reden ein Ende machten. „Thank you!" hieß in diesen Situationen so viel wie: „Vielen Dank, das reicht jetzt!"

Natürlich ist es auch nicht egal, wie Mann oder Frau sich anzieht. Denken Sie bitte daran, dass die Schüler – trotz aller Postulate nach mehr Visuellem – oft außer Ihnen nicht viel zum Gucken haben. Ziehen Sie sich so an, dass Sie sich selber ansehnlich und attraktiv finden! Nur Mut! Dass man bei pubertierenden Schülern einige Grenzen beachten sollte, wenn man sich nicht noch zusätzliche Rollenkonflikte aufhalsen möchte, ist auch klar. Aber: Wer präsent sein will, darf sich nicht gleichzeitig verstecken wollen. Eine äußerlich graue Maus signalisiert einerseits, dass sie nicht so gerne deutlich wahrgenommen wird, beschwert sich andererseits aber nörgelnd im Lehrerzimmer, dass die Klasse 7c heute wieder so getan hat, als wäre sie gar nicht vorhanden gewesen.

Stress ...
gehört dazu

Dazu zwei Anmerkungen von Kollegen, die es wissen müssen: Erstens: „Stressfrei bist du nur als Erleuchteter oder als Leiche." Zweitens: „Ich muss nicht immer sinnvoll an der Front stehen."

Also, ohne Stress wird es in unserem Beruf nicht abgehen, kann es auch gar nicht, denn ohne den positiven Stress, den viel zitierten Eustress, gibt es kaum sinnvolle Höchstleistungen.

Zu diesem Stress, dem „schönen" Stress, nur ganz kurz: Gerade gute Lehrer kennen ihn. Man fühlt sich toll und irre, wenn man so richtig „gepowert", sich mit Gott und der Welt erfolgreich angelegt, Schüler durch spektakuläre Aktionen in seinen Bann gezogen hat – dann spürt man sich so richtig. Und nach einer Weile – das ist das Tückische – spürt man noch etwas anderes: Herz, Magen, na ja. Man fühlt sich ausgebrannt und krank. Inzwischen wissen wir alle, dass man mit Eustress sorgsam haushalten soll und dass wir nicht ungestraft pausenlos in ihm schwelgen können. Da dieser Stress jedoch zunächst einen starken persönlichen Gewinn bringt, ist er schwer zu begrenzen.

Mit den Folgen eines permanenten Eustresses brauchen Sie sich vielleicht zunächst weniger zu beschäftigen. Sie werden es wahrscheinlich mehr mit dem negativen Stress zu tun haben, einer psychischen Dauerspannung, die zu einem starken Leistungsabfall und organischer Schwächung führt und nicht so sehr viel mit Erfolgserlebnissen zu tun hat.

Wodurch entsteht negativer Stress in unserem Beruf? Stress entsteht aus Ängsten und Konflikten. Ängste sind fast bei allen – ob uneingestanden oder offen – irgendwann da und Konflikte gibt es reichlich:
1. Wir sind immer zwischen mehreren Anforderungen hin- und hergerissen. Wir können nicht in Ruhe einem Ziel nachgehen, denn wir arbeiten nicht an einer Sache, sondern mit vielen Menschen, auf die wir ununterbrochen reagieren sollen und müssen. Innerhalb einer Unterrichtsstunde stellen wir verbal und nonverbal unendlich viele

Verbindungen her, denn wir sollen jeden Schüler nicht nur ansprechen, sondern jeden Einzelnen entsprechend seinen Fähigkeiten fördern. Wir reden mit einem Schüler, versuchen dabei alle anzusprechen, rollen drohend mit dem rechten Auge in Richtung Störenfried, zwinkern links aufmunternd dem gehemmten Mäuschen zu, während sich in unserem Gehirn mögliche Strategien zum weiteren Ablauf der Stunde ein Wettrennen liefern, parallel zu der nicht unberechtigten Furcht, dass die Kollegin vergessen haben könnte, uns nach der Hälfte der Stunde ihren CD-Player zu überlassen, und was wir machen könnten, falls sie es doch vergessen hat. Alles läuft gleichzeitig ab. Das strengt an. Nach der Stunde kommen dann noch Schüler mit besonderen Sorgen: Da ist die, die von ihrem Vater verhauen wurde (und man beinahe hofft, dass es dabei auch geblieben ist), und die, deren Meerschweinchen heute Nacht unter ekligen Umständen gestorben ist. Während wir noch mitleidig gucken, rattern wir im Geiste schon die einschlägigen Institutionen wie Familienfürsorge etc. durch. Derweil fragen wir uns, warum die Schüler, die wir für diesen Zeitpunkt bestellt hatten, nicht auftauchen, was wiederum andere disziplinarische Maßnahmen nach sich ziehen muss, über deren Inhalt wir noch nachgrübeln, während uns der Kollege zur Rede stellt, warum wir schon wieder die Sitzordnung verändert haben.

So viel zum Thema Pausen, die dem Ausruhen von Körper und Seele dienen sollen. Das alles findet selbstverständlich nur statt, wenn wir keine Pausenaufsicht haben, über deren Erholungswert ich mich hier nicht weiter auslassen möchte.

2. Stress entsteht, wenn wir uns ständig gegen das wehren, was wir nun mal machen sollen, wenn wir unsere Rolle nicht annehmen, wenn wir in Ruhe gelassen werden wollen, wenn wir nicht von anderen als Person bewertet werden wollen, wenn wir eigentlich woanders sein möchten. Wenn ich im Klassenraum stehe und die ganze Zeit nur zurück in mein Bett will, ist alles, was ich hier erlebe, einfach nur elend.

3. Stress entsteht aus dem inneren Konflikt, meinen eigenen Ansprüchen nicht genügen zu können. Schon um dem Schulgesetz zu genügen und meinen BUBE-Aufgaben (Beurteilen, Unterrichten, Beaufsichtigen und Erziehen) nachzukommen, müsste ich immer ein schlechtes Gewissen haben, immer unzufrieden mit mir sein, immer denken, nicht gut genug zu sein. Ich möchte eine Superlehrerin sein

und bekomme von allen Seiten die Tatsache um die Ohren gehauen, dass ich es nicht bin.
4. Stress entsteht aus dem Gefühl, ausgeliefert zu sein und überrollt zu werden. Ich soll mich ja nicht der Klasse hingeben, sondern führen und leiten.
5. Stress entsteht aus einem Rollenkonflikt. Ich habe mich vielleicht als Freund, als Kumpel angeboten und kann – wenn es an die Zensurengebung geht – dieses Versprechen nicht mehr halten. Ich will, dass die Schüler mich lieben, und sie tun es einfach nicht. Oder Schüler verweigern sich und ich kann meinem Erziehungs- und Lehrauftrag nicht nachkommen. Vielleicht machen die Schüler mich auch gerade völlig fertig und ich fühle mich als Person demontiert, verachtet und gedemütigt.
6. Stress entsteht durch Konflikte mit der Schulleitung, mit Kollegen und Eltern. Man kann sich hier sehr allein, verlassen und ausgenutzt fühlen. Konfliktfelder sind oft: Vertretungen, Veränderung oder Beibehaltung der Sitzordnung, Disziplinprobleme und Einhaltung des Schulgesetzes.

Stress äußert sich in diversen Reaktionen und Zuständen. Viele von uns fühlen sich oft ausgelaugt, bleiern, müde, innerlich zerfleddert, enttäuscht, resignativ oder total überdreht. Wir finden unsere Prioritäten nicht mehr. Alles erhält das gleiche Gewicht – die Unterrichtsvorbereitung, der Vater, mit dem wir noch reden müssen, der Elternbrief, der noch zu formulieren ist, die Korrekturen, die Kassette, die noch zu überspielen ist, das noch zu besorgende Bastelmaterial für den Kindergarten, der Tierarztbesuch mit der Katze – alles addiert sich zu einem schier unüberwindlichen amorphen Haufen, der in dieser Form für uns nicht mehr auflösbar ist. Alles ist gleich schrecklich, sicherlich wird man es nicht schaffen und am besten schläft man auch nicht, damit man keine Zeit versäumt, in der man sich Sorgen machen könnte.

Hier – falls Sie möchten – einige Tipps, Stress zu begrenzen:
1. Bereiten Sie sich nach Möglichkeit gut vor! Eine gute Planung ist der Weg fort vom Alptraum. Gerade für Anfänger kostet unvorbereiteter Unterricht viel Nerven.

2. Bereiten Sie einen Unterricht vor, der Sie entlastet. Wer immer frontal im Rampenlicht stehen will oder nichts anderes kann, muss den Preis zahlen, abends fix und alle zu sein. Die anderen tun gut daran, sich – nicht nur aus bildungspolitischen, ideologischen und humanitären Gründen – schüleraktivierenden Methoden zuzuwenden. Das kostet Zeit am Schreibtisch zu Hause oder im Gespräch mit Kollegen, aber da kann man es sich bei einem Tässchen Tee oder Gläschen Wein mit der freundlichen Kollegin und schöner Musik viel netter machen als im Klassenraum. Wenn Schüler selbstständig arbeiten, braucht man nicht dauernd wie ein psychologisch geschulter Dompteur im Raum herumzuspringen, sondern kann sich einzelnen Schülern in Ruhe zuwenden oder auch mal aus dem Fenster gucken.

3. Trainieren Sie die Schüler in verschiedenen Lerntechniken, d. h., schulen Sie ihre Medienkompetenz! Selbstkontrolle hat hier einen entscheidenden Stellenwert. Lassen Sie nicht zu viele korrekturaufwendige Tests schreiben! Fairerweise muss ich konzedieren, dass das Eintrainieren der Arbeitstechniken sehr viel Kraft kostet. Aber es lohnt sich!

4. Nehmen Sie nicht alle Herausforderungen an! In einer Schule kann man sich unendlich engagieren. Ständig gibt es Extraaufgaben, und wenn keine da sind, kann man sie neu schaffen. Suchen Sie sich etwas aus, das Ihnen liegt, und setzen Sie sich dafür ein (Projekttage, Klassenfahrten, AGs, Organisation des Tages der offenen Tür, Pflege des Schulgartens, der Schulfrösche, Gremienarbeit) – das macht Spaß, bietet eine gute Möglichkeit zur Integration und poliert Ihr Image. Suchen Sie sich eine Ecke, die Sie ein bisschen wie ein Hobby betreiben. Es ist keineswegs nötig, überall mitzumachen. Lassen Sie die anderen auch etwas tun! Lassen Sie los! Sie gehen nicht unter, wenn Sie nicht überall mitmischen. Planen Sie für sich selber Zeiten der Ruhe ein! Immerzu wirbeln kann zu einer schlechten Angewohnheit werden – mit den entsprechenden Entzugserscheinungen, wenn es mal still wird.

5. Konflikten sollte man nicht ausweichen, aber heraufbeschwören muss man sie auch nicht. Hierzu ein kleines Beispiel, das ich „Den Umgang mit dem Pup (Berliner Ausdruck für Furz) im Unterricht" nennen möchte: Während einer Hospitationsstunde pupte ein Junge (dies Verhalten scheint in der Tat geschlechtsspezifisch) knatternd zur

Freude seiner Umgebung in eine methodisch wichtige Phase hinein. Er selber fand das auch sehr komisch. Der Lehrer reagierte, denn reagieren soll man ja auf Unterrichtsstörungen: „Sascha, ich bin von dir enttäuscht! Wenn einem so etwas schon passiert, entschuldigt man sich, steht auf und öffnet das Fenster!" (Ein Kollege, dem ich das erzählte, kommentierte: „Ganz falsch! Man schaut sich vorwurfsvoll um!") Die Kinder blieben erstaunlich brav, kicherten eine Weile, nahmen dann aber – wenn auch zögerlich – die Mitarbeit wieder auf. Der Ausbilder neben mir flüsterte: „Reagiert er nicht etwas über?" Ich meinte das auch. Den Rest der Stunde bewegte mich vor allem die Frage, ob man absichtlich pupen kann. Im Übrigen fand ich, dass der Kollege ganz gut weggekommen war. Seine Reaktion hätte auch hervorragenden Boden für Gebrüll, Gelächter und Gesichtsverlust bereiten können, wenn Sascha und seine Freunde verbal kreativ geworden wären. Merke: Pupen ignoriert man! Man darf aber beiläufig das Fenster öffnen. Dies gilt nicht für die so genannten Pupsäcke (Faschingsartikel). Die nimmt man wie Feuerzeuge und Ähnliches an sich und lässt sie von den Eltern in der Schule abholen – aber nur, wenn man gemein ist.

Also: Begeben Sie sich nicht in „Arena-Situationen"! Damit meine ich, dass Sie und ein schwieriger Schüler sozusagen in der Mitte stehen und der Rest der Klasse johlend und Wetten abschließend drumherum. Selbst wenn der Schüler einlenken möchte, kann er es dann nicht mehr, weil er vor allen das Gesicht verlieren würde. Reden Sie nach der Stunde mit ihm – allein. Man kann auch eine gewisse Prophylaxe betreiben. Zum Beispiel: Es fällt Ihnen eine bestimmte Schülerin auf, Sie wissen noch nicht, wie sie heißt. Begeben Sie sich nicht in die Situation, dass Sie sie nach ihrem Namen fragen müssen, den sie dann vielleicht nicht sagt, sondern schlendern Sie zu ihrem Platz und sehen sich das Deckblatt des Hefters an, auf dem der Name steht. Das kann dann später hilfreich sein.

Das Motto „Konfliktbegrenzung" gilt auch für Auseinandersetzungen mit Schulleitung, Kollegen und Eltern. Lesen Sie dazu bitte die Kapitel „Eltern", „Vertretungen" und „Transparenz".

Konflikte mit Kollegen entzünden sich oft an unterschiedlichen Auffassungen darüber, was man als normale Sitzordnung bezeichnen kann. Sie empfinden zum Beispiel Gruppentische oder einen Sitzkreis als normal und besonders geeignet, kommunikative Prozesse zu fördern, die Kollegin Klassenleiterin und der Kollege, der die nächste Stunde hat, bestehen aber darauf, die Tische und Stühle zu Stundenbeginn „normal" vorzufinden. Anders als Sie oder Ihre Ausbilderin empfinden diese Kollegen frontale Sitzreihen als normal. Da Sie die Kollegen kaum überzeugen werden, rate ich Ihnen hier zu einem Kompromiss: Sie wählen in Ihrem Unterricht die Raumaufteilung, die zu Ihrem Unterricht passt, und lassen die Schüler zum Stundenende alles wieder so zurückstellen, wie Sie es vorgefunden haben. Diese Umräumaktionen muss man mit der Klasse üben. Es kann eine ganze Unterrichtsstunde dauern, bis jeder seinen Handgriff weiß. Erklären Sie den Schülern, warum das wichtig ist, wecken Sie Ehrgeiz, setzen Sie Preise aus („Wenn wir das in zwei Minuten schaffen, machen wir ..., gibt es für alle ..."). „Stur stellen" scheint mir ein zu dorniger Weg, der Sie unter Umständen im Kollegium isolieren kann.

6. Perfektionisten sind immer gestresst. Finden Sie sich damit ab, dass Sie alles unvollkommen machen. Es gibt Stunden, da ist man „schlecht drauf", es gibt Schüler, die man nicht erreicht.

7. Bewerten Sie Ihren Unterricht, bei aller Sorgfalt, auch nicht über! Wenn die Schüler einmal(!) nichts oder nicht so viel lernen, ist das immer noch keine Katastrophe. Hauptsache, sie lernen nichts Falsches. Also, ruhig mal etwas ausprobieren, ruhig mal einen Film zeigen, Geschichten vorlesen lassen etc. Das gilt besonders für den Fall, dass es Ihnen schlecht geht und Sie sich nur gerade mal so in die Schule geschleppt haben (um dann eine Vertretung für einen „wirklich kranken Kollegen" übernehmen zu dürfen). Retten Sie dann wenigstens die Atmosphäre! Lassen Sie keinesfalls etwas schreiben, was Sie korrigieren müssen, sonst können Sie sich nachmittags oder abends wieder nicht ausruhen. Merke: Wenn man keinen guten Unterricht machen kann, lieber die Schüler nett beschäftigen (Bilder ausmalen, Comics lesen, malen lassen etc.) als schlechten Unterricht machen und neue Konflikte produzieren!

8. Wenn die Arbeit von der Menge her einfach zu viel wird, kann man im Prinzip drei Dinge tun:
a) Sie können fehlen.
b) Sie können zur „Dreifelderwirtschaft" greifen.
c) Sie können die Kollegin des Parallelkurses zur Zusammenarbeit überreden.

Fehlen geht nur für den Notfall. Bitte lesen Sie dazu das Kapitel „Krankheiten".

Mit der „Dreifelderwirtschaft" habe ich mich bisher erfolgreich durch mein gesamtes Berufsleben gewurstelt. Ich meine damit: In einer Lerngruppe habe ich so richtig gearbeitet (vor allem Arbeitstechniken trainiert und Materialien erstellt), während die anderen beiden Kurse „brach"lagen, also mit wenig Arbeit meinerseits bedacht wurden. Nach einiger Zeit, wenn der arbeitsintensive Kurs dann gut lief, kam einer der vernachlässigten dran usw. Wenn man sechs Gruppen hat, muss man allerdings in mindestens zweien richtig arbeiten.

Zusammenarbeit mit Kollegen ist für einen materialintensiven und fantasievollen Unterricht ein großer Segen. Am Anfang einer Einheit verteilt man, wer was macht, und hat dann nur noch die Hälfte der Arbeit. Außerdem macht es mehr Spaß. Leider ist man aber nicht immer in der Situation. Manchmal gibt es keinen, der parallel unterrichtet, oder der will nicht oder hat vollkommen andere methodische Vorstellungen. Pech!

9. Reden Sie mit anderen! Am besten mit Kolleginnen und Kollegen. Zu Hause wollen die nämlich gar nicht so viel darüber hören. Reden Sie sich Ihre Konflikte von der Seele!

10. Entdecken Sie die Komik der Situation! Vieles von dem, was wir und die Schüler so treiben, ist bei genauerem Hinsehen außerordentlich witzig.

11. Machen Sie sich selber Spaß! Es wird immerzu über den Spaß gesprochen, den die Schüler haben sollen, vom Spaß der Lehrenden spricht selten einer. Dabei ist es wichtig, sich im Unterricht selber zu erheitern. Wählen Sie Texte, Lieder, Gedichte, Filme, Bilder, die Sie einfach toll finden! Ich habe jahrelang jeden Februar meine Schüler im Sprachlabor mit dem Beatlessong „Here comes the Sun" traktiert, weil er mich in gute Laune versetzte. Letzten Endes profitieren die Schüler davon dann auch. Obwohl – die Ikonen meiner Seele lasse ich nicht in den Unterricht: „Me and Bobby McGee" würde ich nie im Unterricht „verwerten". Es hat alles seine Grenzen.

12. Machen Sie Ihre Arbeit (Vorbereitungen, Materialbeschaffung, Korrekturen, Arbeitsbögen, Protokolle, Referate etc.) immer gleich und lassen Sie nicht alles bis auf den letzten Drücker liegen. Wenn Sie am Dienstag einen Unterrichtsbesuch erwarten, sollten Sie am Sonn-

tagabend alles fertig haben, denn vielleicht ist der Kopierer kaputt, vielleicht fällt Ihnen nicht auf Anhieb etwas ein, vielleicht fällt Ihr Kind vom Stuhl oder Ihr Freund kriegt die Masern. Sie brauchen eine Pufferzone, die entsteht nur durch leicht verfrühtes Anfangen. Wenn Sie zu denen gehören, die von sich behaupten, Sie könnten nur unter Druck arbeiten, lassen Sie am besten alles beim Alten. Es klappt ja meist letzten Endes auch. Vielleicht brauchen Sie dieses Restrisiko, vielleicht genießen Sie den Kitzel, dass Sie nicht rechtzeitig fertig werden könnten, vielleicht möchten Sie sich hin und wieder erschöpfen. Ist ja nichts Schlimmes, nur anstrengend. Gemein, nicht wahr? Es bleibt auch noch ein Kompromiss zwischen den Anforderungen und dem Charakter. Vielleicht könnten Sie sich überreden, es diesmal, nur dieses eine Mal, anders zu machen.

13. Fangen Sie hinten an: Machen Sie zuerst das, was Sie unbedingt morgen brauchen! Es nutzt Ihnen morgen früh, wenn Sie entnervt in die Runde der mangels Frühstück blassen Schülergesichter sehen, überhaupt nichts, dass Sie heute Abend akribisch Ordnung in den Wust Ihrer gesammelten Arbeitsblätter gebracht haben. „First things first!" Wenn Sie für morgen eine Feier geplant haben, kaufen Sie heute auch besser den Sekt ein, als endlich mal die Besenkammer sauber zu machen, falls da jemand hineingucken möchte. Bei Hospitationen empfiehlt es sich, erst das Material zu erstellen, weil da noch dieses und jenes schief gehen kann. Also erst schneiden, schnippeln, kopieren, den Rekorder überprüfen etc. Den Unterrichtsentwurf habe ich mir immer als Letztes vorgenommen. Den kann man zur Not noch nachts mit der Hand schreiben. Bei aller berechtigten Aufregung über Unterrichtsbedingungen oder Ausbildungsvoraussetzungen sollten Sie eine Doppelstrategie verfolgen: Während Sie Anstrengungen unternehmen, unbefriedigende Situationen grundsätzlich zu ändern, sollten Sie vorher den morgigen Tag überlebensnah gestalten. Packen Sie die Butterbrote ein, bevor Sie ausziehen die Welt zu verändern.

14. Mentales Training kann helfen, angstbesetzte Situationen leichter zu überstehen. Vor jeder prüfungsähnlichen Situation (auch anfänglich vor dem Unterricht in schwierigen Klassen) spiele ich ganze Sequenzen mental durch, das heißt, ich stelle mir bis ins Detail vor, wie der Raum aussieht, wo die Prüfer, wo die Schüler sitzen, wie die Tafel aussieht, wo der OH-Projektor steht, was ich anhabe. Dann fange ich mit den inneren Dialogen in verschiedenen Varianten an. Also: Dann sage ich, dann sagt die, dann kommt das etc. Wenn ich kann, mache ich das laut. Natürlich achte ich darauf, dass ich in diesen Vorstellungen im wahrsten Sinne des Wortes „gut dastehe". In der echten Situation habe ich dann ein bisschen das Gefühl, alles schon zu kennen, und erinnere mich, was für ein gutes Bild ich abgegeben hatte. Positive Gedanken und vertraute Bilder mildern Stress (übrigens auch bei den Schülern).

15. Stellen Sie sich den „Worst Case" vor! Damit meine ich das, was in dieser Situation im schlimmsten Falle passieren könnte und was Sie dann machen würden. Oft stellt man dann fest, dass die Sache doch nicht so ganz existenziell ist. Ich empfinde die „Worst-Case-Methode" als beruhigend im Sinne eines ultimativen Sicherheitsnetzes.

16. Tun Sie sich auch während des Arbeitstages etwas Gutes an! Verabreden Sie sich auf eine Tasse Kaffee mit dem netten Kollegen, nehmen Sie Ihr Buch, Ihren Walkman, Ihre Zeitung mit und schalten Sie im Lehrerzimmer oder auf der Bank im Park mal eine halbe Stunde ab. Schaffen Sie sich kleine Auszeiten! Während des Unterrichts halte ich das für problematisch. Der Kaffee trinkende Kollege, der mit hoch gelegten Füßen im Unterricht seine Zeitung liest, muss nicht unbedingt Ihr Vorbild sein. Aber auch den Unterrichtsstress kann man unterbrechen. Schülern und Ihnen wird es gleichermaßen gut tun, im Unterricht deutlich definierte Ruheminuten einzulegen. Da kann es heißen: „Seht euch zwei Minuten die Wörter an der Tafel an und versucht euch möglichst viele davon zu merken!" Oder: „Macht die Augen zu, wenn ihr wollt, und hört euch in die Musik ein!"

Es gibt im Handel schöne Kassetten mit Entspannungsmusik, Fantasiereisen etc. An diese Dinge muss man mit viel Fingerspitzengefühl herangehen. Manche Schüler genieren sich, sich „öffentlich" zu entspannen und/oder sehen diese Phase als geeigneten Zeitpunkt an, um vom Stuhl zu fallen. Es klappt aber oft, wenn auch manchmal erst beim zweiten Versuch, und hat dann einen überaus angenehmen Effekt. Denken Sie daran, dass viele Kinder genauso „unter Strom stehen" wie Sie, und schlagen Sie zwei Fliegen mit einer Klappe!

17. Legen Sie Wert auf Ihr Äußeres! Wenn Sie sich innerlich schon total zerfleddert fühlen, müssen Sie sich nicht auch noch entsprechend anziehen. Und wenn wir schon dabei sind: „Zähneputzen und Duschen nicht vergessen!" – auch wenn die Zeit wieder so knapp ist.

Es ist total unnötig, dass Sie zu allem Elend auch noch über sich hören: „Der stinkt immer so und dann beugt er sich immer noch so zu mir rüber!" Wobei das Blöde ist, dass Sie es wahrscheinlich nicht hören. Derartige Äußerungen über Kolleginnen und Kollegen sind gar nicht so selten, aber wenige Kollegen können sich dazu überwinden, dies an den Adressaten weiterzugeben. Ich beziehe mich da schamvoll ein. Es ist eben weniger professionell (weil so intim), über Körpergeruch zu reden, als über einen schlecht formulierten Impuls.

Krank sein ...
auch

Bei Ihnen gehört es – wahrscheinlich – auch dazu. Ich erlebe immer wieder junge Leute, die wie Sie, voller Elan und ungewöhnlich gesund aussehend ihre Ausbildung antreten. Eine Weile halten sie sich gut, ja sind zum Teil euphorisch gut gelaunt, dann werden sie blass und blässer, schließlich fehlen sie im Seminar und in der Schule.

Dazu gibt es diverse Erklärungsmodelle unter den gestandenen Kollegen. Manche finden, dass die jungen Leute heutzutage gar nichts mehr aushalten und weinerlich jedem Zipperlein nachgeben. Es kann sein, ich weiß es nicht – auch ältere Kollegen werden krank. Manche denken, dass die Anforderungen an junge Lehrer noch höher geworden sind und dass die mit immer größerer Perfektion am Computer erstellten und dem Internet in stundenlanger nächtlicher Suche entlockten Materialien häufig weder die Gesundheit der Lehrer noch den Lernprozess der Schüler fördern.

Mein alter Schulleiter hatte über kranke Kollegen eine klare Meinung: Ich erinnere mich immer noch an einen Morgen im Amtszimmer, als er beim Ansehen der Liste der Krankmeldungen vor sich hin murmelte: „Alles Nieten!"

Ich glaube insgesamt eher an die Schocktheorie: Der Anfang Ihrer Berufstätigkeit wird zwar aller Voraussicht nach mit einem großen Schock einhergehen, aber glücklicherweise stehen Sie eine gewisse Zeit unter kräftigem Adrenalineinfluss, der Sie über die ersten Kümmernisse hinwegträgt und „oben" hält. Nach dem Sprung vom Dreimeterbrett ins kalte Wasser ist man ja auch zunächst noch in einem rosigen und erregten Zustand, wenn man wieder auftaucht. Insgesamt zeigt aber die Praxisschockkurve in etwa denselben Verlauf wie die typische Kulturschockkurve, die mehr oder weniger U-förmig ist – im Verlauf der Dienstzeit wiederholen sich diese Us oder Ws (die man im Englischen sinnvollerweise Double Us nennt) in einem ewigen Auf und Nieder. Ich sehne mich nach den vielen Jahren Schuldienst immer noch nach dem Plateau der Weisheit, aber bisher sind nur Berg und Tal in Sicht – bestenfalls hügelige Landschaften.

Aber nun zu Ihrem U: Erst findet man alles toll oder zumindest aufregend und spannend, dann ist der erste Zuckerguss abgeknabbert und darunter kommt so etwas wie Karottenkuchen zum Vorschein, der enttäuschend solide ist und beharrliches Nagen erfordert. Mit der Stimmung geht es nun zumeist erst einmal bergab. Weder möchten die anderen mitessen, noch reichen sie einem bereitwillig Messer und Gabel – Schlagsahne gibt es gar keine! Unten in der U-Kurve gibt es Gefühle wie: „Warum sind die so blöd?" und „Ich will mit solchen Leuten und Kindern überhaupt nichts zu tun haben!" Oder, je nach mentaler Disposition und „Krankheitsverlauf", auch: „Warum bin ich so blöd? Wahrscheinlich bin ich zu wenig geeignet, zu unorganisiert, zu einfallslos, zu dünn, zu dick oder zu hässlich, um diesen Beruf zu allseitiger Zufriedenheit auszuüben. Außerdem fühle ich mich schwach und viel zu erschöpft, um diesen wilden Horden und den sauertöpfischen Kollegen morgen wieder zu begegnen." Das ist normal! Dann geht die Kurve wieder nach oben und man beginnt auf Grund der erworbenen Kompetenzen, Einsichten und des immer vorhandenen Überlebenswillens, sich wieder als handelnder Part in das eigene Schicksal und in die Schulwirklichkeit einzubringen. Doch, wirklich! Das passiert!

Bevor die Kurve wieder nach oben geht, ist man oft im unteren U-Bogen gefangen. Auch im Elend kann man eine gewisse emotionale Geborgenheit finden, denn eines weiß man sicher, nämlich dass alles grässlich ist. In dieser Verfassung kann man sehr leicht krank werden. Körper und Geist tun sich zusammen und versuchen, Sie vor den quälenden Zweifeln und vor sinnloser Gehirnakrobatik zu retten. Eine solide Angina drängt die von den Ausbildern gewünschte Vernetzung der Phasen, die Effektivität Ihrer Planung und die Intentionen Ihrer Unterrichtseinheit völlig in den Hintergrund. Wenn auch noch Fieber und Ansteckungsgefahr hinzutreten, sind Sie „aus dem Schneider", selbst wenn Sie so hochgradig mit preußischem Pflichtgefühl behaftet sind, wie ich das bin.

Der Gewinn der Krankheit liegt auf der Hand: Sie sind zunächst heraus aus dem Rattenrennen und bringen physische und mentale Distanz zwischen sich und Ihre Schule. Das kann Wunder bewirken und die Unannehmlichkeiten oder Bedrohungen reduzieren oder zumindest relativieren. In solchen Phasen kann es auch zu kreativen Ausbrüchen und profunden Einsichten kommen. Leidensdruck entlädt sich und macht positiveren Gehirnströmen Platz. Meine besten Ideen hatte ich, als ich mit einem vereiterten Mittelohr zwei Tage unter einer Rotlichtlampe dämmerte. Der Druck im Ohr hatte mich von allem psychischen Druck befreit und ich konnte unbelastet vor mich hin denken.

Der Verlust kann allerdings genauso hoch sein: Alles kann noch schlimmer werden, weil der Druck sich nicht erledigt, sondern eher noch zunimmt.

Nun werden Sie sagen: Was soll das denn? Ich suche mir doch nicht aus, ob ich krank werde oder nicht. Es kommt eben und dann muss ich mich „ergeben". Kann sein. Gibt es sicher. Aber völlig ausgeliefert ist man der Sache nicht. Dazu eine Episode aus meinem langen Lehrerinnenleben:

Es ging mir so wie oben. Totale Erschöpfung, Abneigung, Lustlosigkeit, Selbstzweifel – leider kein Fieber! Irgendwie muss ich jeden Morgen etwas von einer beginnenden Grippe oder dicken Mandeln gequengelt haben; jedenfalls sagte mein Mann nach einigen Tagen: „Du musst nicht erst richtig schlimm krank werden, um mal einen Tag zu Hause zu bleiben – jetzt machst du mal einen Tag blau! So geht das ja nicht weiter." Nicht einfach für die Preußin! Pflichtbewusst schleppte ich mich in die Schule und regelte noch einige Dinge (heimlich, versteht sich, denn man muss so etwas nicht an die große Glocke hängen) und blieb die darauf folgenden beiden Tage zu Hause. Klar hatte ich ein schlechtes Gewissen, das sich darin äußerte, dass ich eigentlich erst richtig entspannen konnte, wenn der Schultag vorbei war und die Kollegen auch alle zu Hause waren. Aber immerhin erledigte ich in dieser Zeit alle angestauten Korrekturen, wusch meine Wäsche, bereitete die gesamte nächste Einheit vor und fühlte mich am Donnerstagabend absolut in der Lage, meinem selbst gewählten Schicksal nachzugehen. Ich wurde auch nicht krank und es ging mir monatelang wieder gut.

Als ich in Neuseeland zum ersten Mal den Begriff a *Mental Health Day* hörte, verstand ich den Sinn dieser beiden Tage im Nachhinein noch viel besser. Dort hörte ich nach den ersten sechs Wochen Einsatz auch die freundliche Bemerkung meines Chefs, der mein tägliches und spätabendliches Treiben interessiert verfolgt hatte: *You've got to pace yourself!* – auf gut Deutsch: „Du musst mit deinen Kräften haushalten!" Zu einer hustenden Kollegin sagte er: *You need to go home. This is not an advice. It is an order!* Später erklärte er mir, das gehöre zu den Aufgaben eines *good employer's*. Ich übersetzte das zunächst mit „Fürsorgepflicht", bin aber dann wieder davon abgekommen, da deutsche Schulleitungen allesamt Fürsorgepflichten haben und ich so etwas noch nie erlebt hatte. Aber wäre es nicht schön, wenn es jemanden im Berufsleben gäbe, der beraten und mit aufpassen könnte, wenn es nicht geradeaus läuft? Da aber keiner in Sicht ist, müssen Sie sich selber helfen.

Kurz:

- Beugen Sie vor! Teilen Sie ihre Kräfte ein, „powern" Sie nicht die ersten Wochen Tag und Nacht durch. Weder Ihr Körper noch Ihr Partner, noch Ihre Kinder werden es Ihnen danken. Eine Beziehungskrise oder Erziehungskrise in der Ausbildungszeit ist das Allerletzte, was Sie jetzt brauchen. Ich weiß, wovon ich rede. Dazu drei Beispiele: Erstens gab es vor langer Zeit in meinem Leben einen Mann, der das Zusammenleben mit einer „Lehrermaschine" andauernd bemängelte und bequengelte. Zweitens fand sich eine Auszubildende mit vier Kindern kurz vor dem Schreiben der Hausarbeit alleine mit ihren Kindern in der Wohnung. Drittens rächte sich der Sohn einer anderen Alleinerziehenden an Mamas Schule, indem er selber ununterbrochen krank wurde und mit Hilfe dicker Mandeln und Durchfall seine Mutter zwang, zu Hause zu bleiben. Diese Liste lässt sich leider unendlich fortsetzen.

- Zu Hause sollen und dürfen Sie sowohl arbeiten als auch jammern. Aber machen Sie bitte auch noch andere Sachen. Treffen Sie sich weiter mit Freunden, die keine Lehrer sind, schwelgen Sie in heißen Bädern und kochen Sie sich etwas Schönes – meine neuseeländische Freundin Judith brachte mir den Begriff *comfort food* („Trostfutter") bei. Jetzt ist nicht die Zeit für eine Abmagerungskur. Lieber dick als durchfallen! Das Gewicht wird auf dem Prüfungszeugnis nicht vermerkt. Kümmern Sie sich um sich und Ihre Lieben! Sie können sich das jetzt alles zeitlich etwas weniger leisten, aber streichen Sie Freude und Erholungsprogramm, und was sonst noch zur Lebensqualität gehört, nicht auf Null zusammen.

- Weinen Sie sich am besten mit Kolleginnen und Kollegen aus und lassen Sie den Kummer da, wo er hingehört: in der Schule. Wenn Sie ein Kollegium haben, in dem so etwas möglich ist, ersetzt das eine Therapie. Haben Sie das nicht, suchen Sie sich Gleichgesinnte in Ihren Ausbildungsseminaren. Suchen Sie sich dort eine große oder kleine Schwester, einen großen Bruder oder Zwilling oder eine Kleinfamilie!
- Wenn Sie sich total erschöpft fühlen, kann ein *Mental Health Day* Wunder bewirken und die sonst mit Sicherheit folgende Krankheit verhindern.
- Nutzen Sie diesen Tag oder diese zwei Tage zum Ausruhen und zum Wegschaffen der entstandenen Arbeitsberge. Lassen Sie sich nicht total durchhängen. Gehen Sie spazieren oder in die Sauna und nutzen Sie den Rest der Zeit, um Struktur ins Elend zu bringen. *Carpe diem!* – auch bei *Mental Health Days.*
- Rufen Sie bei Krankheit bis Viertel vor acht in der Schule (Sekretariat) an. Sie brauchen den Grund Ihrer Krankheit nicht nennen und müssen bis zu zwei Tagen (vielleicht ändert sich das …) auch keine Krankschreibung vom Arzt haben. Es kann Schwierigkeiten geben, wenn diese zwei Tage vor oder nach dem Wochenende liegen. Rufen Sie auch bei Kollegen an, mit denen Sie an diesem Tag doppelt gesteckt sind – am besten am Abend vorher, damit sie sich auf „Unterricht alleine" einstellen können. Lassen Sie auch Ihre Seminarleiter wissen, dass Sie verhindert sind, und sagen Sie auf jeden Fall „Vorführstunden" spätestens am Abend vorher ab, damit die arme Ausbilderin nicht umsonst durch die Gegend fährt und Sie in Zukunft nicht mehr leiden kann.
- Wenn Sie wirklich krank sind, bleiben Sie zu Hause, bis Sie richtig gesund sind und dann wieder zuverlässig mitarbeiten können. Tödlich ist das Modell „Zwei Tage Schule – zwei Tage krank zu Hause – ein Tag Schule – zwei Tage krank zu Hause". Die Schüler werden Sie für schwächlich und unzuverlässig halten. Mal ist sie da – mal nicht. Die Eltern machen Druck bei der Schulleitung, Sie können Ihre Arbeitspläne und die Termine für Klassenarbeiten nicht einhalten, verpassen wichtige Absprachen, erhöhen den Lerndruck bei den Schülern. Das Schlimmste ist aber, dass die Kollegen, die Sie vertreten müssen, ganz und gar sauer auf Sie sind und Sie das wahr-

scheinlich auch spüren lassen werden. Die Schulleitung wird Sie auch nicht mögen, weil sie keine Dauervertretung einsetzen kann und weil sich Eltern beschweren. Insgesamt entsteht der Eindruck: Der kommt nicht klar, der drückt sich. Alles unselig!

- Rechnen Sie damit, dass auch Sie krank werden können – es ist aber nicht zwingend.
- Wenn Sie krank werden, heißt das nicht, dass etwas ganz Schlimmes passiert ist oder Sie eine „Niete" sind.
- Machen Sie sich klar, dass Menschen in anderen Berufen auch krank werden.

Dass in den Medien immer wieder suggeriert wird, dass die „faulen Säcke" von Lehrern andauernd ohne Not „krank machen", ist ärgerlich. Man kommt nicht umhin, eine gewisse Missgunst auf ein sicheres Gehalt und natürlich die Ferien zu vermuten, ebenso wie das Gelüst, sich mit diesen Beleidigungen noch nachträglich an dem Ekel von Deutschlehrer von vor zwanzig Jahren zu rächen. Ja, es stimmt: Manche sind krank, um sich auszuruhen, in Ruhe zu korrigieren oder um Konferenzen zu vermeiden, oder sie sind es, weil sie es einfach nicht mehr aushalten: den ständigen Krach, die Überlastung, die mangelnde Wertschätzung. Sicher gibt es auch Faule, wie in anderen Berufen auch, aber nicht in dem in den Medien dargestellten Ausmaß. Ich kenne viele Kollegen, die sich krank in die Schule schleppen, weil die Vorbereitung für die Klassenarbeit oder das Abitur sonst zu knapp wird, weil sie einen Termin mit einer Mutter ausgemacht haben, weil sie ihre persönliche Befindlichkeit gegenüber den Interessen der Schüler zurückstellen, obwohl das Gehalt in jedem Falle dasselbe ist.

Diese Redakteure und Artikelschreiber, die so unendlich gerne und immer wieder über uns herziehen, vergessen, dass die aktuelle Belastung äußerst hoch ist (siehe Kapitel „Stress"), dass wir besonders in der grauen Jahreszeit ganzen Heerscharen von Viren ausgesetzt sind – man staunt immer wieder, in welch elendem Zustand Kinder manchmal von ihren Eltern in die Schule geschickt werden. An einem Tag mit sechs Unterrichtsstunden à 30 Schüler husten und schnupfen pro Gruppe im Schnitt drei verhalten und zwei höchst ungeniert um mich herum, drei weitere klagen über Kopfschmerzen und Fieber. Über dreißig Möglichkeiten, mich anzustecken! Es gibt Tage, an denen ich das Gefühl habe, in einen bakteriellen Nebel einzutauchen, sobald ich die Schule betrete. Das ist mit einem Bürojob nicht zu vergleichen. Dazu kommt die psychische Belastung, auf 180 Einzelschicksale zu reagieren und mich je nach Sachlage ihnen gegenüber zu behaupten, mit ihnen „fertig" zu werden und sie vielleicht sogar zu autonomen und mündigen Bürgern zu erziehen. Und wenn das alles nicht klappt? Es gibt keine Berater für Lehrer, keinen „Coach", keine Betreuung, keine institutionalisierte Supervision, nichts! Ihre Schulleiter wollen vielleicht ihre Fürsorgepflicht ausüben, aber sie haben für die Behandlung solcher Fälle (Schwächeanfälle, Versagensangst, Zusammenbrüche, Burn-out-Syndrom) überhaupt keine Ausbildung und vielleicht auch keine Eignung. Die Partner und Partnerinnen wollen nichts mehr von dem Elend hören, die eigenen Kinder schon gar nicht. Da bleibt nur der Gang zum Arzt. Der weiß auch nicht weiter, außer Medikamente zu verordnen und die Krankschreibung auszustellen.

Lassen Sie sich nicht von den Medien schlecht reden, sondern reden Sie sich gut zu und helfen Sie sich und geplagten Mitmenschen selber. Bilden Sie Netzwerke und reden Sie sich gemeinsam gut zu! Wenn es mit dem „Kopf hoch!" nicht mehr klappt, sollten Sie wenigstens den Rat eines erfahrenen Kollegen beherzigen, der bei Verabschiedungen immer auf das Minimum verweist: „Halt dich senkrecht!"

Disziplinkrisen ...
sind schrecklich

Bei einer Zukunftswerkstatt sollten wir Kollegen unseren Fantasien über eine ideale Schule freien Lauf lassen. Eine Kollegin sagte spontan, glaubwürdig und aus tiefstem Herzen: Die Schüler sollen machen, was ich sage.

Ja, die Angst des Lehrers vor dem Schüler. Wer kennt sie nicht! Die Angst, dass alle machen, was sie wollen, alle über Tisch und Bänke gehen, sich hauen, Sachen zerstören und Schlimmeres. Dass man sich selber wie ein Würstchen fühlt, dass Schulleitung oder Kolleginnen hereinkommen, um nachzusehen, was da los ist. Dass man dann in seiner ganzen Armseligkeit erwischt wird und herauskommt, dass man seinen Erziehungs- und Lehrauftrag nicht erfüllen kann. Alles furchtbar und durchaus geeignet, eine tiefe persönliche Krise auszulösen. Wer will denn schon unfähig sein, beschimpft werden und Fußabtreter für andere aggressive und uninteressierte Mitmenschen sein? Ich nicht!

Leider gibt es ihn nicht, den immer und jederzeit gültigen Ratschlag, den ich nun geheimnisvoll enthüllen könnte. Es gibt nur Erfahrungen und Tipps. Wenn Sie im Folgenden einen für Sie wichtigen Hinweis finden, wäre dieses Kapitel nicht umsonst.

Ratschläge findet man überall. Als ich – in meinem dritten „Lehrjahr" – ganz aufgelöst meine Probleme mit den Schülern einer Hauptschulklasse in dem entsprechenden Lehrerzimmer ausbreitete, sagte ein Kollege, dass er das überhaupt nicht verstünde, denn bei ihm wären ebendiese Kinder ganz brav. Solche Antworten sind natürlich immer wieder sehr ermutigend und motivierend. Statt pampig zu sagen: „Wie schön für Sie!", war ich blöd genug zu fragen: „Was machen Sie denn mit denen?" Ich erwartete wohl irgendwelche Kunststückchen und prompt kam es auch: „Wenn die Krach machen, schmeiße ich erst mal einen Tisch um. Soll'n Se mal selber sehen, wie das wirkt."

Na toll! Es stellte sich die Frage der Übertragbarkeit, die ich ohne Nachdenken für mich als negativ entschied. Weder wollte noch konnte ich Tische umwerfen, und selbst wenn es gegangen wäre, hätte ich damit ja kaum in der nächsten Stunde anfangen können.

Zu dieser Zeit kam ich – dem Himmel sei Dank – mit dem Thema „Verhaltensmodifikation" in Berührung. Für mich brachte das die Lösung, zusammen mit methodisch fast überstrukturiertem Unterricht.

Also, wenn nichts mehr geht, hier ein paar Tipps aus der Küche:

1. Machen Sie sich über Verhaltensmodifikation schlau! Ausbilder, Schulleiter etc. können Ihnen entsprechende Buchtitel oder Papiere geben. Verhaltensmodifikation hat das Ziel, das Verhalten der Schüler im Hinblick auf ein gemeinsam definiertes Ziel mit Hilfe von positiven Verstärkern (Bonbons, Lob, Preise, Urkunden, Lobesbriefe nach Hause, Unternehmungen etc.) zu verändern. Voraussetzung ist, dass viele der Schüler durchaus eine Veränderung der Verhältnisse wünschen und dass Sie selber in den Augen der Schüler nicht gerade eine absolute Null sind. Das Lob einer Null bedeutet nichts, höchstens das Gegenteil.

Sie müssen dann ein für alle durchschaubares System der Dokumentation des gewünschten Verhaltens (Namensliste mit Klebepunkten oder so) an der Wand zum Beispiel zugänglich machen. Genauso wichtig ist, dass das System einfach ist, und vor allem, dass Sie es selber durchhalten können. Es funktioniert keinesfalls, wenn Sie alle zwei Stunden Modifikationen einführen. Wenn Sie dauernd sagen: „Ich habe mir das überlegt, so gut ist das gar nicht, wir machen es jetzt anders!", sagen die Schüler bald: „Die weiß nicht, was sie will", und das bedeutet: „Ohne uns!"

2. Leisten Sie Ihren Beitrag! Das heißt, planen Sie Ihren Unterricht gut und lassen Sie es vor allem in der Unterrichtsorganisation nicht an Sorgfalt mangeln – je stringenter und klarer die Arbeitsabläufe, umso besser. Für Schwierigkeitsgrad, Arbeitstempo und Feedback gilt in disziplinschwachen Gruppen: Die Aufgaben sollten leicht sein, in kleinen unterschiedlichen Einheiten gebündelt sein, flott aufeinander folgen und ein möglichst schnelles Feedback beinhalten. Dabei sollten nach Möglichkeit die Arbeitsformen und Aktionsformen gewechselt werden (Partnerarbeit, Sitzkreis, Frontalunterricht, Stillarbeit). Berücksichtigen Sie, sooft Sie können, ganzheitliche Lernmethoden und die Tatsache unterschiedlicher Lerntypen!

3. Beschäftigen Sie sich mit Binnendifferenzierung! Binnendifferenzierung ist die Antwort auf die Unterschiedlichkeit der Lernenden. Viele Disziplinschwierigkeiten entstehen dadurch, dass unser Anforderungsniveau oder die von uns gewählten Methoden nur eine kleine Gruppe der Schüler erreichen. Die anderen sind unter- oder überfordert oder reagieren nicht auf die gewählten Impulse. Am auffälligsten und am leichtesten aufzufangen sind die Unterschiede im Lerntempo der Schüler. Während die einen noch in der Nase popeln und in ihren Rucksäcken kramen, sind die anderen mit der ersten Aufgabe schon fast fertig. Wenn Sie nichts über Differenzierungsmaßnahmen wissen, bleibt Ihnen nur übrig, die einen beim Kramen zu drängen („Nun mach doch mal!") und die anderen zu bremsen: „Du brauchst nicht so schnell zu schreiben!" Trotzdem wird bald der Ruf erklingen: „Ich bin fertig, was soll ich machen?" „Jetzt wartest du mal!", sagt die entnervte Lehrerin und zerfleischt sich innerlich, weil sie weiß, dass wir alle, auch die „Guten", fördern sollen.

Besorgen Sie sich bei Ihren Ausbildern Material über Binnendifferenzierung und drängen Sie in den Ausbildungsveranstaltungen darauf, hier möglichst viele Maßnahmen kennen zu lernen. Anfangen können Sie aber jetzt schon mit einer Differenzierung nach Stoffumfang und Lerntempo bei schriftlichen Arbeiten. Das ist außerordentlich einfach, erzeugt jedoch verblüffende Veränderungen im Arbeitsverhalten einer ganzen Gruppe. Kernpunkt ist, dass Sie bei einer schriftlichen Aufgabe (die nach Möglichkeit durch Selbstkontrolle zu überprüfen ist) festlegen, welchen Teil alle Schüler machen sollen. Dann legen Sie ein bis drei Zusatzaufgaben fest, die diejenigen machen können, die schon fertig sind. Die Zusatzaufgaben sollten attraktiv und jederzeit zu beenden sein. Schließlich bestimmen Sie den Zeitpunkt, zu dem alle mit ihren Arbeiten aufhören.

Ich schreibe zum Beispiel an die Tafel „1. Lückentext Seite 5 (Selbstkontrolle mit Antwortblatt an der Tür)". Unter diese Aufgabe ziehe ich einen Strich, von dem die Schüler nun schon wissen (weil das immer so ist), dass alle diesen Teil schaffen sollten. Darunter schreibe ich als zweitens ein Zauberquadrat mit neun beliebigen Buchstaben mit dem Impuls: „Finde so viele Wörter wie möglich, die aus zwei bis neun dieser Buchstaben bestehen." Darunter schreibe ich zum Beispiel „9.15 Uhr", den Zeitpunkt, an dem alle Schluss machen sollen. Nur mal als ganz einfaches Beispiel – da gibt es natürlich viel Fantasievolleres.

Die Schüler, die es schaffen, auch die Zusatzaufgaben zu erledigen, müssen irgendwie etwas davon haben. Lob, Anerkennung, Bonbons (ja, wirklich!), Pluspunkte, Lobbriefe an die Eltern – das Feld ist groß. Positive Briefe an die Eltern werden übrigens viel zu wenig eingesetzt. Briefe aus der Schule signalisieren immer eine Störung des häuslichen Friedens. Ein Brief an die Eltern, in dem steht, dass die Tochter schon dreimal mehr Aufgaben gemacht hat, als sie unbedingt musste, hat ungeahnte positive Folgen. Am besten ist es, die Schüler darüber vorher zu informieren, sonst werden sie vielleicht schon verhauen, ehe der Brief geöffnet wurde. Telefonate mit den Eltern sind natürlich auch wirkunsvoll. Lassen Sie sich viele solche Verstärker einfallen!

4. Verschaffen Sie Schülern die Möglichkeit für jede Menge Erfolgserlebnisse, und zwar möglichst vielen der Anwesenden. Unsere Aufgabe ist es, Schüler zu ermutigen, und nicht, ihnen dauernd Fehler aufzuzeigen. Viele schwierige Schüler sind von der ersten Klasse an Schulversager. Wie würden Sie sich fühlen, wenn Sie jeden Tag erführen, dass Sie so, wie Sie sind, nicht passen oder dass Sie höchstens überall gerade so durchgehen? Viele haben die Schule oder gerade Ihr Fach längst abgeschrieben, weil sie Englisch oder Mathe nun mal nicht können. Sie haben dies immer wieder erfahren und betrachten es als gesicherte Tatsache. Mit der sofortigen Abwehr: „Kann ich sowieso nicht!", schützen sie sich vor neuen Misserfolgserlebnissen. Sie finden, sie hatten davon genug. Ich denke, Sie verstehen das.

Also:

- Gestalten Sie die Stunden so, dass der Unterricht selbst Bestätigung, Freude und Erfolg bringt, und zwar jetzt, nicht irgendwann in der Zukunft. Ich habe noch nie eine Schülerin oder einen Schüler zur Mitarbeit in Englisch bewegen können, indem ich ihr oder ihm in ca. zwei Jahren eine erfolgreiche Kommunikation mit einem hilflosen Engländer an einer deutschen Tankstelle in Aussicht gestellt habe.

- Stellen Sie gemeinsam mit den Schülern realistisch erreichbare Ziele auf! Ein realistisch erreichbares Ziel sollte für die Schüler etwa folgenden Schwierigkeitsgrad haben: „Das ist schwierig, aber das kann ich." So etwas schafft Motivation.

- Wählen Sie ein Feedback für die Schüler, das möglichst schnell erfolgt, damit sie sehen und erfahren, dass sie wirklich etwas gelernt haben. Schwierige Schüler können schlecht warten. Ein Feedback kann die richtige Antwort an der Tafel oder auf einem Antwortblatt (das man mit Tesafilm immer an die gleichen Stellen im Raum heftet) sein, die Bestätigung durch die Lehrerin (verbunden mit einem Lob), es kann dies auch die Antwort des Partners sein, der die richtigen Lösungen vor sich hat. Es ist wichtig, dass an dieser Aktion möglichst viele beteiligt sind, denn: Das Erfolgserlebnis des „Klassencracks", der sich wieder mal an der Tafel produzieren darf, hat auf die Schüler, deren Lernverhalten Sie eigentlich verändern möchten, überhaupt keinen Einfluss. Gerade im Fertigkeitsbereich, hier besonders beim Faktenlernen, kann man solche Erlebnisse ganz einfach organisieren.

Ich kann glaubwürdig versichern, dass ich mit folgender, überaus simpler Übung, die noch dazu keinerlei Vorbereitung bedarf, in allen, in wirklich allen Gruppen Erfolg gehabt habe (Ich hatte den Erfolg, weil die Lerner ihn hatten): An der Tafel stehen ca. 20 Wörter, die die Schüler lernen sollen. Das können rechtschreibeschwierige Wörter, geologische Fremdwörter, englische Vokabeln oder Ähnliches sein. Sie haben die Wörter nochmal lesen lassen, klar gemacht, dass es genau um die geht – und um sonst nichts! Ich sage oft, dass man nicht „Englisch können" muss, um diese Aufgabe mit englischen Wörtern zu lösen. Jetzt schreiben alle Schüler auf ein Blatt (ich bringe immer einen Packen Schmierpapier mit – sonst geht das „Ich-habe-kein-Blatt-Geschreie" vielleicht los) die Zahlen 1 bis 20 untereinander auf. Dann können Sie noch eine zweiminütige Konzentrationsphase einlegen, in der alle ganz ruhig sind und sich die Wörter „reinziehen" (wie sie sagen würden). Die Phase können Sie, wenn es ganz schlimm mit der Unruhe ist, auch weglassen. Dann nehmen Sie ein Blatt Papier, knicken es längs, sagen einen Impuls, wie zum Beispiel eine Umschreibung des Wortes, eine Definition, das Wort auf Deutsch etc., und halten es dann zu. Man kann auch noch den ersten Buchstaben herausgucken lassen. Dann schreiben alle das Wort hin. Wer fertig ist, meldet sich, einer darf das Wort sagen, dann ziehen Sie das Blatt weg, sodass alle das Richtige sehen können. Jeder gibt sich selber einen Punkt, wenn er es richtig hatte, beziehungsweise schreibt das Wort richtig ab. Viele Schüler haben meist vieles richtig und sind oft rührend begeistert. Fünfzehnjährige Lederbekleidete werfen die Fäuste hoch und teilen allen mit: „Das hab ich!" Probieren Sie es, wenn Sie mögen! Wandeln Sie es ab! Wenn es funktioniert, werden Ihnen viele andere Übungen dieser Art einfallen. Auch wenn die so erreichten Lernziele erst mal ganz platt und rein reproduktiv sind – so entsteht Motivation und Sie können besser weiterarbeiten.

5. Gerade schwache und schwierige Schüler suchen oft einen starken persönlichen Kontakt zu Ihnen, resultieren ihre Störungen doch oft aus schwierigen zwischenmenschlichen Beziehungen und Erlebnissen. Sie versuchen nun leider diesen Kontakt auf eine sehr unangenehme Art herzustellen: Sie provozieren, stören, zappeln, ärgern andere. „Schicken Sie den einfach raus!", sagen vielleicht die Kollegen. Erstens dürfen Sie das nicht (Aufsichtspflicht), zweitens bringt es meist nichts. Der junge Mensch wird dadurch kaum weniger stören. Zum einen verpasst er den Anschluss an das, was die anderen lernen, während er draußen ist, zum anderen grenzen wir ihn aus. Er muss also in Zukunft noch mehr auf sich und seine Person aufmerksam machen. Eigentlich ist klar, dass man jemanden, der durch dieses oder jenes unangenehme Verhalten dauernd ruft: „Hier bin ich!", nicht von sich wegschickt, sondern ihn eher näher an sich heranholt.

Ich versuche, wenn ich irgendwie kann, diesen Schülern persönliche Zuwendung zu geben. Das bedeutet, dass sie in meiner Nähe sitzen und ich sie auch schon mal anfassen kann. „Darf man Schüler überhaupt anfassen?", fragen junge Lehrer manchmal. In Deutschland – ja! Mit der Einschränkung, dass es welche gibt, die das nicht wollen: „Iihh, der hat mich angefasst!" Dann gilt natürlich: Hände weg! Die meisten wollen aber durchaus manchmal eine Hand tröstend oder ermutigend auf ihrer Schulter spüren. Gerade Zappler beruhigen sich dadurch oft. Ganz selten trifft man leider auch auf Schüler, die man selber nicht anfassen mag. Dann ist sowieso guter Rat teuer und man sollte sich sofort mit anderen Kollegen besprechen. Vielleicht kann er in eine andere Lerngruppe, vielleicht fällt denen etwas ein.

Hilfreich ist oft auch das persönliche Gespräch über Privates: „Wo hast du denn das tolle T-Shirt gekauft? Steht dir wirklich gut!" Absolute Nerver werden zu kompetenten Beratern, wenn es zum Beispiel darum geht, ein Meerschweinchen für das eigene Kind zu kaufen. Endlich sind sie in der Rolle, etwas Wichtiges zu wissen. Sie können die Tipps geben, wie man das Tier handzahm kriegt. Und vor allem: Sie sehen uns plötzlich als Menschen, mit denen man normale (nichtschulische) Gespräche führen kann, in denen sie nicht die defizitäre Rolle haben.

Gute Erfolge habe ich auch schon mit persönlichen Verträgen gehabt. Voraus geht ein Gespräch: „Also, ich bin mit deiner Mitarbeit nicht zufrieden. Du meldest dich fast nie, stattdessen beschäftigst du dich mit deiner Sportzeitung oder damit, deine Nachbarn zu ärgern. Was denkst du, wie oft du dich eigentlich in einer Stunde melden könntest?" Nun sagt das Kind vielleicht zehnmal. Dann sagen Sie zum Beispiel: „Na ja, vielleicht ist das ein bisschen hoch gegriffen, vielleicht achtmal. Meinst du, das geht?" Es wird vereinbart, wie lange dieses Sichmelden beobachtet und dokumentiert werden soll. Drei Wochen sind ein ganz überschaubarer Rahmen für Oberschüler. Es werden auch Belohnungen (Brief an die Eltern, Noten) vereinbart sowie Dokumentationsformen entwickelt (zum Beispiel eine Karteikarte, auf der die Tage eingetragen werden, an denen der Unterricht stattfindet und auf der hinter jedem Datum vom Schüler für jedes Melden ein Strich gemacht wird. Wenn er auch drankommt, kreuzt er den Strich nochmal durch. Schüler sind hier sehr ehrlich!). Das Ganze wird in einem schriftlichen Vertrag festgehalten: „Hiermit verpflichtet sich Hans Schnuppe, sich in jeder Stunde mindestens achtmal zum Unterrichtsthema zu melden. Die Lehrerin Haase verpflichtet sich, ihn nur dranzunehmen, wenn er sich meldet, das aber mindestens fünfmal pro Stunde."

Es ist wichtig, dass solche Verträge bilaterale Leistungen festlegen. Dann wird das alles feierlich unterschrieben und auf bessere Zeiten gehofft. Es ist wichtig, die ganze Angelegenheit mit dem gehörigen Ernst zu behandeln. Teilen Sie dem Schüler auch mit, welche Maßnahmen Sie ergreifen werden, falls dieser Vertrag nicht eingehalten wird. Machen Sie aber klar, dass Sie das für unwahrscheinlich halten. Dass Sie in den nächsten drei Wochen Ihrerseits nicht schlampen dürfen, versteht sich von selbst. Lassen Sie sich nach jeder Stunde die Karte zeigen, auch um sich selber zu kontrollieren, ob Sie Ihrem Teil des Vertrages nachgekommen sind.

Den „Trick" mit den Karteikarten kann man auch für ganze Klassen anwenden, um die allgemeine Mitarbeit zu verbessern. Der Vertrag besteht in diesem Fall dann darin, dass sich die mündliche Note aus den (durch die Schüler selbst vorgenommenen) Eintragungen auf der Karte ergibt, die man allwöchentlich einsammelt und mit Punkten oder Noten versieht. Einige junge Lehrerinnen haben dieses System mit geradezu wundersamen Auswirkungen eingesetzt. Es führt nämlich dazu, dass Schüler ihr eigenes Arbeitsverhalten schwarz auf weiß vor sich sehen und so oft ihren eigenen Anteil an unbefriedigenden Ergebnissen erkennen können.

6. Rituale können helfen. Rituale schaffen Gewohnheiten und Sicherheiten. Viele von uns scheuen sich vor ritualisierten Unterrichtsphasen. Sie denken vielleicht auch, dass das langweilig, autoritär, manipulativ und altmodisch ist. Eine Form an sich ist aber zunächst weder gut noch böse. Eine Gruppe kann sich an den Händen anfassen und sich „Guten Morgen" sagen. Man kann sich aber auch anfassen und brüllen: „Wir sind schön und klug und alle anderen sind Bimbos!" Beides schafft zunächst Vertrautheit, Gemeinschaftsgefühl und damit Sicherheit für den Einzelnen.

Ich meine, dass wir – auch oder gerade wenn wir emanzipatorische Erziehungsziele verfolgen – auf Rituale nicht verzichten sollten. Wir wollen den Einzelnen stärken. Dazu muss sich dieser Einzelne in der Gemeinschaft wohl und akzeptiert fühlen und nicht andauernd angegriffen und überfordert werden. Sich hin und wieder in der Gruppe zu entspannen gibt Kraft und Ruhe.

Um den Begriff nochmals zu klären: Mit Ritualen meine ich nicht Zweierreihen im Gleichschritt und martialisches Gebrülle. Rituale sind zum Beispiel besondere Formen des Stundenanfangs. Das können Lieder sein, das können Verabredungen sein, wie die Tische zu stehen haben, das können Chorsprechgesänge sein, das kann Beifallklatschen nach Einzel- und Gruppenleistungen sein oder die Art, wie sich alle beteiligen, damit alles in zwei Minuten zu einem Kreis umgeräumt ist. Es können bestimmte Übungsabläufe sein: Ich lasse zum Beispiel Vokabeln an der Tafel immer erst laut und langsam von oben nach unten, dann schnell und leise von unten nach oben im Chor sprechen. Meine Schüler mögen das. Sie entspannen sich in dem Gefühl: „Das kenne ich. Hier kann mir nichts passieren. Ich gehe kein Risiko ein. Ich blamiere mich nicht." Rituale dienen im Wesentlichen dem Schutz des Einzelnen. Es gibt auch andere, die ich für nicht ganz so glücklich halte: Wer zu spät kommt, muss der Lehrerin Kaffee holen, die Tafel wischen oder ein Lied singen. Wer die drei Formen von „to be" falsch aufsagt, ist der „Müllmann" für den Unterrichtsraum. Wer quatscht, wird an die Tafel geschrieben. Na ja, wie überall gibt es halt diese und jene Ausprägungen, Sie müssen sich ja nicht an den negativen Beispielen orientieren. Mehr zu Ritualen finden Sie im Kapitel „Transparenz".

7. Suggerieren Sie sich selber die passende innere Einstellung! Wenn ich wirklich voll innerer Überzeugung zu einem störenden Schüler gesagt habe: „Ich habe diesen Unterricht gestern Nachmittag intensiv vorbereitet, ich habe dafür gründlich gearbeitet. Ich denke nicht dran, mir das jetzt von dir kaputtmachen zu lassen!", hat das sehr oft gewirkt.

8. Wichtig ist, nur einen anzusprechen. Erstens stimmen Verallgemeinerungen nicht – es wollen ja keineswegs alle Ihren Unterricht kaputtmachen –, zweitens kann man eine große Solidaritätsbewegung nicht brauchen, drittens könnten Gedanken auch hier Wirklichkeit werden und alle zu Störenfrieden werden lassen. Es geschieht oft, dass wir die Relationen verlieren. Es stören drei Schüler und wir finden, dass es die ganze Klasse ist. Negative Wahrnehmungen setzen sich leichter durch als positive. Wir könnten auch wahrnehmen, dass siebenundzwanzig gut mitgemacht haben.

9. Lassen Sie Bewegung im Unterricht nicht nur zu, sondern planen Sie sie bewusst mit ein! Viele Schüler sind sehr motorisch und können oder wollen nicht still sitzen. Immerzu zappeln sie herum, stören die lernende, sitzende Gemeinschaft und nerven die Lehrer. In den traditionellen Unterrichtstheorien hat Bewegung wenig Platz. Wir tun im Allgemeinen so, als ob wir nur mit dem Teil des sitzenden Schülers arbeiten, den man oberhalb der Tischplatte erkennen kann. Inzwischen ist das Bewusstsein über die Verknüpfung von Lernprozessen und Bewegungen weiter fortgeschritten. Es gibt auch einige sinnvolle Bücher zu diesem Thema (Stichwörter: Kinesiologie, Psychomotorik, Suggestopädie). Interessant auch hier neue Wortschöpfungen wie „Brain Gym" und „Gehirnjogging". Andererseits bestehen Pädagogen immer noch darauf, dass der Lernstoff „sitzt". Wahrscheinlich, damit ihre Schüler auf dem Laufenden bleiben. Auf diesem Gebiet gibt es unendlich viel zu tun.

Was können Sie gleich jetzt machen, um motorischen Bedürfnissen entgegenzukommen? Geben Sie den Schülern die Gelegenheit, während des Unterrichts aufzustehen und herumzugehen. Je unruhiger die Lerngruppe, desto mehr „organisierte Bewegung" ist angesagt. Was kann das sein? Es kann Chorsprechen mit rhythmischen Bewegungen sein (Trampeln, Klatschen etc.), es kann ein Antwortblatt sein, das so angebracht ist, dass man aufstehen muss, um die Lösungen zu erfahren, es kann ein Laufdiktat sein. Laufdiktate sind wunderbar geeignet, die Schüler selbsttätig und nicht sitzend zu unterrichten: Der zu diktierende Text (ich verteile ihn meist auf ca. zehn Zettel) wird zum Beispiel im Raum verteilt aufgehängt. Partner A läuft hin, liest den Text, bewegt ihn in Herz und Hirn und läuft mit diesem „Gedächtnisschatz" zurück zu seinem Partner B. A diktiert den erinnerten Satz Partner B (manchmal muss er auch zurücklaufen, weil er den Satz vergessen hat), Partner B schreibt ihn auf. Nach fünf Sätzen wechseln die Rollen. Dann läuft B hin und her und A schreibt. Abgesehen davon, dass das Laufen Laune macht, wird der Text auch besser behalten. Das räumliche Gedächtnis unterstützt hier das semantische. Sie kennen auch sicher die Situation, dass Ihnen ein verlorener Gedanke wieder einfällt, wenn Sie an die Stelle zurückgehen, an der Sie ihn zum letzten Mal „hatten". Es muss hier nicht um Rechtschreibung gehen. Es könnten zum Beispiel auch Fakten sein, die die Partner dann verifizieren müssten.

Ich habe mit Absicht die „organisierte Bewegung" erwähnt. Wenn Sie in einer traditionell unterrichteten Klasse plötzlich sagen würden: „Ihr seid alle so unruhig! Steht mal alle auf und bewegt euch irgendwie!", hätte das bei jüngeren Schülern den Effekt, dass alle „über Tische und Bänke" gehen würden. Ältere Schüler würden einfach nichts machen und träge auf ihren Plätzen verharren. Beide Fälle wollen Sie nicht erleben. Lassen Sie die Schüler los, aber schaffen Sie ihnen einen Rahmen, der überschaubar ist. Einfach so loslassen schafft Ihnen eher noch mehr Disziplinprobleme.

10. Wenn Sie selber nicht mehr weiterwissen, ist es keineswegs ein Gesichtsverlust, sich Hilfe bei anderen zu holen. Ich würde allerdings darauf verzichten, in der Stunde selbst den Rektor oder Klassenlehrer in die Klasse zu holen. Während man in angelsächsischen Ländern die Hierarchie bemühen muss, ist man in Deutschland dann meist „unten durch". Das sollten Sie wirklich nur tun, wenn es darum geht, akute Gefahren oder Schaden zu vermeiden. Damit meine ich zum Beispiel, dass sich zwei Schüler ernstlich prügeln und Sie sie nicht daran hindern können.

Meist liegt der Fall aber nicht ganz so schlimm. Versuchen Sie den Schaden erst mal selbst zu begrenzen. Ich schreibe mir zunächst die Telefonnummer des Schülers auf, und zwar mit großem Ernst, sage ihm, dass ich das nächste Mal davon Gebrauch machen werde. Ich sage auch gleich, welches mein nächster Schritt wäre, räume aber gleichzeitig Chancen ein (zum Beispiel Verträge). Dann rede ich entweder mit den Eltern oder mit dem Klassenleiter und dem Kind.

Wenn Sie nicht wissen, was Sie machen sollen, oder alles schon ganz verfahren oder schrecklich ist, reden Sie dann erst mal mit Ihnen freundlich gesinnten erfahrenen Kollegen, fragen Sie sie eindringlich um Rat. Sagen Sie auch, dass Sie Hilfe brauchen, und zwar bald! Es kann sonst leicht passieren – ich habe das leider auch schon gemacht –, dass die anderen denken, es sei nicht so schlimm, und Sie mit einer Bemerkung wie „Kenne ich, mach dir nichts draus. Denke immer an die Gehaltsabrechnung!" zunächst abspeisen, weil sie entweder ihre Ruhe haben wollen oder die Dramatik des Falles nicht erkennen. Unter Umständen müssen Sie den schon erwähnten Satz: „Ich brauche Hilfe!" üben. Gerade Männern fällt er schwer. Vielleicht geht auch: „Ich bin hier am Ende! Ich weiß nicht mehr weiter. Was rätst du mir?"

Nach dieser Rücksprache würde ich dann die nächsten Instanzen angehen: Klassenleitung (vielleicht hat das Kind eine „Akte"), Eltern, Schulleitung etc. Oft helfen Aussprachen innerhalb einer Jahrgangskonferenz, das sind alle Lehrer, die den betreffenden Schüler unterrichten. Sie können und sollten in wichtigen Fällen in Absprache mit Klassenleitung und Schulleitung ein solches Treffen initiieren. Ergebnis könnte sein, dass ein Schüler in die Parallelklasse wechselt oder den Unterricht temporär (nämlich immer dann, wenn er unerträglich stört) verlässt und in die Klasse des Kollegen X geht. Es gibt auch eine psychologische Beratungsstelle beziehungsweise andere Einrichtungen für verhaltensauffällige Kinder und Jugendliche. Auch Drogenbeauftragte und die Polizei können wertvolle Kommunikationspartner bei Konflikten sein. Besprechen Sie das mit den Klassenleitern!

Bei manchen Schülern „hilft nichts". Wir können sie nicht erreichen, auch wenn wir uns an Einfühlungsvermögen, pädagogischer Fantasie und Schlagfertigkeit fast überschlagen. Das ist bitter, aber wahr. Uns bleibt dann nur noch, die entsprechenden sozialen Einrichtungen zu aktivieren.

So weit die Einzelfälle. Sollte es wirklich sein, dass Sie – nachdem Sie alle Register gezogen haben – mit einer ganzen Lerngruppe nicht klarkommen, müssen Sie das mit der Schulleitung und Ihrer Ausbildungsleitung besprechen, denn dann sollten Sie die Klasse abgeben beziehungsweise mit jemand anderem tauschen. Es ist nicht notwendig, gleich den Beruf aufzugeben.

Eltern ...
sind keine Feinde

So ein Elternsprechtag hat etwas – keinesfalls sollten Sie ihn verpassen. Er ermöglicht Einsichten und Kontakte, die Sie sonst nie im Leben hätten. Man kann Interessantes, Informatives, Absurdes und Unterhaltsames erleben.

Vor mir hat eine Familie Platz genommen: Vater, Mutter, Kind. Das Kind scheint der jüngere Bruder meines Schülers zu sein. Ich weiß nicht, warum er dabei ist. Entweder hat man keine Betreuung für ihn gefunden oder er soll auf diese Weise am Ernst des Lebens teilnehmen. „Ich habe nie Englisch gelernt und es hat mir nichts geschadet", sagt der Vater. Ich mache ein neutrales ausweichendes Geräusch und verweise auf sich verändernde Anforderungen im Berufsleben. Unberührt und ungerührt fährt der Mann fort, dass aus ihm auch etwas geworden sei. Dazu kann man wirklich wenig sagen. Die Mutter ergänzt: „Fremdsprachen liegen uns nun mal nicht!"

Meine Gesprächspartner wechseln im 10-Minuten-Takt. Marios Mutter beklagt sich, dass ihr Kind überhaupt nicht spreche, egal in welcher Sprache, es schweige international. Marks Vater macht mich ohne Not nach Kenntnisnahme der Zensuren darauf aufmerksam, dass er seinen Sohn noch nie geschlagen habe. Michaelas Mutter teilt mir mit, dass ihre Tochter eine Drei in Englisch haben müsse, um „Nägel zu bekommen". Ich erfahre auf mein erstauntes Nachfragen hin, dass es sich um ein Geburtstagsgeschenk und um künstliche Fingernägel handele. Sie betont, wie wichtig die Nägel für Michaela seien und dass ihr Glück nun ganz bei mir liege. Dann kommen drei Elternteile von guten Schülern, die zudem, jeder auf seine Weise, wirklich nette und interessante Persönlichkeiten sind. Man kann den Eltern nur zu ihren Kindern gratulieren und das mache ich auch: „Sie müssen eine hervorragende Erziehungsarbeit geleistet haben. Es ist eine Freude, Ihr Kind zu unterrichten." Man kann sehen, wie sie sich über diese Anerkennung freuen. Mir geht das auf Elternabenden übrigens genauso!

Frau Franz ist allein erziehend und möchte die Noten ihrer Tochter erklärt haben. Sie hat die Zwei unter dem Vokabeltest gesehen – wie kann es nun zu einer Vier kommen? Ich zücke wieder meine Zensurenlisten und mein Lineal, lege es am Namen ihrer Tochter an und erkläre, wie die Bewertung zustande gekommen ist, welche Gewichtung die Tests, welche die Klassenarbeiten haben und welche Perspektiven ich sehe. Ich erkläre das Minus für nicht erledigte Hausaufgaben und das Plus für eine besondere Fleißleistung und mache Vorschläge, wie man Angst vor Tests durch Vorarbeiten reduzieren könne. Herr Gruwe ist verzweifelt: Patrick schreibe in fast allen Fächern nur noch Fünfen und Sechsen, zeige seine Hefter nicht und behaupte immer, er hätte nichts auf. Herr Gruwe möchte Adressen von Schülerhilfen und erprobten Nachhilfelehrerinnen. Ich habe diese schon vorsorglich bereitgelegt und verspreche, auch noch mal in der Oberstufe nachzufragen, ob dort jemand Nachhilfeunterricht geben möchte. Bei allem Bemühen um Wahrheitsfindung und Klärung der Notwendigkeiten bemühe ich mich, etwas Nettes über das betreffende (oder betroffene) Kind zu sagen. Wenn mir leistungsmäßig wenig Positives einfällt, hilft der Bereich der sozialen und kommunikativen Kompetenzen: Wenn das Kind mit allen freundlich schwatzt, kann man zumeist daraus schließen, dass es sich wohl fühlt und Beziehungen zu anderen Menschen herstellen kann. Auch Hilfsbereitschaft, Engagement für die Gruppe, Verhalten auf Klassenfahrten und Wandertagen sind erwähnenswert und zeigen den Eltern, dass wir ihr Kind nicht nur als Oberkörper oberhalb der Tischplatte seines Platzes im Klassenzimmer wahrnehmen.

Als ich um 20 Uhr meine Tasche ins Auto trage, habe ich nicht das Gefühl eines verschwendeten Abends. Natürlich sind – wieder – die Eltern nicht gekommen, die nach meiner Meinung hätten kommen sollen. Dazu mein Kollege Hans: „Warum sollten sie auch? Um sich von zwölf Fachkolleginnen und -kollegen ihr missratenes Gör vorhalten zu lassen? So etwas tun nur Masochisten!" Immerhin habe ich aber mit circa zwanzig Eltern gesprochen und fand es – wie immer – hochinteressant und spannend im Hinblick auf biologische und pädagogische Gesetzmäßigkeiten. Kluge Eltern erzeugen keineswegs zwingend angenehme und erfolgreiche Schüler, nette Eltern haben nicht immer nette Kinder (nur bei Ihnen und mir ist das natürlich der Fall!). Manchmal fragt man sich auch, wie unter den gerade sichtbar gewordenen Umständen sich solche tollen Kinder entwickeln können. Das Feld zwischen Verwahrlosung und Verwöhnung ist unendlich. Verwahrlosung ist schrecklich, aber nach 30 Jahren Schuldienst gestehe ich zähneknirschend ein, dass Verwöhnung ähnlich schädlich sein kann.

Als junge Lehrerin ohne eigene Kinder hatte ich keine Vorstellung davon, wie hoch der Stellenwert der Schule im Leben der Eltern ist. Nicht nur, dass Schule massiv in das Leben der Kinder eingreift, sie beeinflusst auch das gesamte Familienleben, bedroht den Hausfrieden, regelt Freizeitgestaltung, Fernsehkonsum, Urlaubsplanung und Ausgehzeiten. Sie vermehrt bei guten Noten das Taschengeld der Kinder und vermindert das der Eltern. Bei Familien mit mehreren Kindern drängt diese Institution sich so unerbittlich ins Leben wie Jahreszeiten und Wetter, Finanzämter und die Straßenverkehrsordnung. Die ganze Familie leidet, wenn die nullte Stunde eingeführt wird und die Mitglieder alle solidarisch ihr Müsli schon um sechs Uhr knabbern müssen. Als gute Mutter hört man – selbst total erschöpft – Vokabeln ab und fragt sich bei den merkwürdigen Fragen zur Französischen Revolution entnervt, warum Aufgaben nicht klarer gestellt werden können. Auch moderne Unterrichtsmethoden stellen oft unüberwindliche Herausforderungen an den heimischen Herd. Die projektorientierte Aufgabe „Erstelle einen Briefkasten und erkläre das Design!" trieb unsere Familie sowohl an die Grenzen unserer handwerklichen Fantasie als auch an die der Toleranz gegenüber Lehrern, die Schülern einen Haufen hinwerfen, ohne den Umgang mit Spaten und Harke geübt zu haben – nach dem Motto: Nun macht mal! Das waren noch Zeiten, als drei Päckchen zu rechnen waren ...

Bei wirklichen Verhaltensauffälligkeiten oder ausgeprägtem Schulversagen müssen dann zusätzlich weitere Berufsgruppen bemüht und bezahlt werden: Therapeuten, Psychologen, Nachhilfelehrer. Bei diesen weitreichenden Eingriffen in den materiellen und psychischen Haushalt der Familien ist es nicht verwunderlich, dass viele Eltern Kontakt zu den vorrangigen Verursachern aufnehmen: den Lehrerinnen und Lehrern ihrer Kinder. Die Motive sind verschiedenster Art. Sie reichen von Informationsbedarf, ehrlichem Interesse, Engagement, Verantwortungsgefühl und wohlmeinender Fürsorge über Hilflosigkeit, Unverständnis, Empörung bis zu offener Aggression. Letztere

funktioniert oft nach dem Motto: Angriff ist die beste Verteidigung. Neulich sagte ich am Telefon brav mein Sprüchlein auf: „Guten Tag, ich bin die Englischlehrerin Ihres Sohnes und …", als es schon aus dem Hörer blaffte: „Na und?"

Vielleicht wissen Sie nicht, wie viele Eltern Angst vor der Schule, vor den Lehrkräften, ja auch vor Ihnen haben. Denken Sie nicht, dass nur Sie Angst haben! Eltern haben z. B. Angst, dass ihre Kinder mit schlechten Noten keine Zukunft haben, dass sie in der Schule gequält werden oder auf Abwege kommen (Drogen, Stehlen, Gewalt); Angst, dass sie die Kontrolle über ihre Kinder verlieren bzw. im Leben ihrer Kinder unwichtiger werden. Sie haben Angst vor den Elternabenden, den Zeugnissen, den Elternsprechtagen und Briefen und Anrufen aus der Schule. Einige fürchten, dass alles, was sie erfahren und was ihnen mitgeteilt wird, unangenehm sein wird, dass ihr erzieherisches Wirken diskreditiert wird und sie für Fehlverhalten oder Versagen ihrer Kinder verantwortlich gemacht werden könnten. Manche waren selber „schlechte" Schüler und projizieren nun alles Mögliche auf die Schule und die Lehrkräfte ihrer Kinder. Sie schützen sich durch Abwehr in Form von Aggressionen oder sie entziehen sich und tun alles, um den Kontakt zu vermeiden.

Grundsätzlich gilt: Ohne Eltern hätten Sie keinen Job. Eltern sind die Erzeuger Ihrer Klientel und nicht Ihre Feinde. Fast immer wollen sie Gutes für ihre Kinder und stolz auf sie sein. Sie wollen auch gerne etwas Gutes über sie hören oder zumindest etwas, das Hoffnung macht und ihnen das Gefühl gibt: Ich habe nicht alles falsch gemacht.

Aber da man nicht sofort zum Vollprofi wird und das Leben immer wieder voller Überraschungen ist, gibt es hier einige weitere selbst gemachte und im Kollegium gesammelte Erfahrungen und die damit verbundenen konkreten Ratschläge. Keinesfalls müssen Sie jetzt die gesamte Liste abarbeiten. Vielleicht hilft das eine oder das andere.

- Fragen Sie die Kollegen, welche Konventionen an Ihrer Schule für die der Elternarbeit üblich sind. Ob es Usus ist, die Eltern direkt anzurufen; wo die Telefonnummern sind etc.
- Informieren Sie die Klassenleiterin über Ihre Absichten, d. h., sagen Sie ihr, Sie wollen z. B. den Eltern von Sandra mitteilen, dass ihre Tochter nun zum zehnten Mal keine Hausaufgaben angefertigt hat, oder fragen Sie sie, ob sie das selber tun möchte oder was sie Ihnen

sonst noch vorschlagen könne. Wenn die Klassenleiterin nicht erreichbar ist, wenden Sie sich an die Jahrgangsleitung oder Schulleitung. Manchmal werden Sie erfahren, dass ein Anruf zu Hause nicht glücklich sei, weil das Kind dann grün und blau geschlagen werde, oder dass es immer fehle, weil es auf die kleinen Geschwister aufpassen müsse, oder dass es zwischen den Wohnungen der getrennt lebenden Eltern pendele.

- Sie müssen nicht auf Katastrophen und Konflikte warten. Sie können auch von sich aus den Weg zu den Eltern (nach Absprache mit ... siehe oben) suchen, wenn Ihnen etwas im Verhalten des Kindes problematisch erscheint. Nutzen Sie die Elternabende der Klasse, um über Ihr Fach und Ihren Unterricht zu berichten; informieren Sie die Eltern, was Sie gerade tun, wie sich die Zensuren zusammensetzen, welche Lern- und Übungsleistungen Sie von den Kindern erwarten und welche Unterstützung zu Hause wünschenswert und in der Schule möglich wäre. Berufen Sie sich auf die Beschlüsse der Fachkonferenz, wobei es sich allerdings lohnt, diese vorher mit dem Fachkonferenzvorsitzenden oder der Fachbereichsleitung durchzugehen.
- Erklären Sie den Eltern, wie sie sich einbringen könnten und welche Formen der Kooperation möglich wären. Nutzen Sie die Ressourcen der Eltern (Spezialwissen, Vorträge, Begleitung bei Wandertagen, Hilfe bei Grillfesten etc.).
- Bitten Sie die Eltern, bei Fragen mit Ihnen Kontakt aufzunehmen, wobei es nicht unbedingt ratsam ist, die eigene Telefonnummer herauszugeben – womöglich noch mit großzügigen Formulierungen wie „jederzeit". Es ist dann sehr schwer, den Zeitpunkt zu bestimmen.
- Verschaffen Sie sich bei Telefonaten eine souveräne und informierte Ausgangsposition! Man fühlt sich dem Satz: „Diesen Tadel nehmen Sie wieder zurück, sonst müssen Sie mit dienstrechtlichen Konsequenzen rechnen!", am eigenen Schreibtisch und bekleidet doch viel besser gewachsen, als wenn man seifig glitschig aus der Dusche heraus den Hörer angelt. Sollte das doch einmal passieren, können Sie immer noch sagen: „Ich rufe Sie in 15 Minuten zurück!", und auflegen. Gründe müssen Sie nicht angeben. Die visuelle Vorstellung einer Kartoffeln bratenden, Windeln wechselnden und leicht oder

unbekleideten Lehrerin schwächt womöglich die professionelle Autorität. Außerdem gehen diese Dinge die Eltern auch nichts an.
- Behalten Sie Ihre Contenance! Auch wenn die Versuchung noch so groß ist – pöbeln Sie nicht zurück, wenn Sie angepöbelt werden. Bleiben Sie in Ihrer Sprache professionell und „dienstlich". Sagen Sie eventuell auch, dass Sie den Eindruck haben, dass die Aufregung im Moment sehr groß sei, und schlagen Sie ein Gespräch zu einem späteren Zeitpunkt – zusammen mit Kollegin X – vor.
- Ertragen Sie auch einmal Kritik! Man kann sich die Sichtweisen anderer zumindest anhören!
- Ermutigen Sie die Eltern, die Telefonnummer der Schule zu benutzen, und versichern Sie, dass Sie bei entsprechender Benachrichtigung sobald wie möglich zurückrufen würden!
- Rechnen Sie bei Telefongesprächen damit, dass Ihr Schüler bei Gesprächen mit den Eltern eventuell mithört. Meist gar nicht mal heimlich, sondern weil Vater auf den entsprechenden Knopf gedrückt hat. Manche Eltern meinen, es wäre immer gut, alles zu teilen, und denken, „keinerlei Geheimnisse voreinander zu haben", befördere den Erziehungsprozess. Ich denke das übrigens nicht. Es hat sich bei jeder Form von Gesprächen für mich oft als hilfreich erwiesen, zunächst alleine mit den Eltern zu sprechen und dann das Kind hinzuzuholen. In jedem Fall ist es wichtig zu wissen, wer alles zuhört. Fragen Sie ggf. nach: „Sprechen wir alleine oder hört jemand mit?"
- Wenn an Ihrer Schule Mitteilungshefte üblich sind, benutzen Sie diese für Nachrichten an die Eltern, die abgezeichnet werden können!
- Nehmen Sie auch einmal aus positivem Anlass Kontakt mit den Eltern auf! Sie werden auf helle Freude stoßen. Die Eltern bekommen fast immer nur Anrufe und Briefe aus der Schule, wenn es nicht klappt (siehe oben!). Die meisten Eltern sind entzückt und dankbar – was man am Telefon an der Veränderung der Stimmlage beobachten kann –, „… mal was Gutes" zu hören.
- Elterngespräche haben meist zwei Komponenten: das Verhalten des betreffenden Schülers, das man besser verstehen möchte und das durch zu treffende Maßnahmen positiv beeinflusst werden soll, und die Auswirkung seines Verhaltens und der Maßnahmen auf die ande-

ren Schüler. Oft müssen auch exemplarisch Grenzen verdeutlicht werden. Es ist unsere erzieherische Aufgabe, wünschenswertes und nicht wünschenswertes Verhalten so klar wie möglich zu spiegeln (dazu mehr im Kapitel „Transparenz"). Das muss aber nicht der erhobene Zeigefinger sein.

- Bei größeren Konflikten mit Eltern tut man gut daran, eine fachliche Argumentation vorzubereiten (eventuell schriftlich – wenigstens als Stichpunkte für sich selbst) und sich dann die Unterstützung der Klassenleitung oder Schulleitung zu sichern. Sie werden hier meist Verständnis finden.
- Vermeiden Sie den Vorwurfscharakter. Sagen Sie den Eltern, dass Sie sich Sorgen um die Leistungsentwicklung oder soziale Integration des Kindes machen und dass Sie diese Besorgnis mit den Eltern teilen und besprechen wollen. Allerdings – das macht mein Kollege Hans mit gutem Erfolg – dürfen Sie die Eltern auch ab und zu daran erinnern, dass Sie im Unterricht dreißig Kinder von der Art ihres Sprösslings vor sich haben. Dies fördert manchmal das Verständnis der Eltern für Ihre Position.
- Verweisen Sie bei Problemen auch auf die Hilfe durch andere Personen und Institutionen! Wenn Ihnen nichts einfällt, können Sie immer noch sagen, dass Sie sich informieren und wieder zurückrufen werden. Machen Sie das dann aber auch – Zuverlässigkeit ist wichtig für gegenseitiges Vertrauen.
- Fragen Sie die Klassenleitung/Jahrgangsleitung oder Ihre anleitenden Lehrer, ob Sie an Elterngesprächen, die von ihnen geführt werden, teilnehmen dürfen. Für so etwas ist leider kein Training in der Ausbildung vorgesehen. Es kann sehr nützlich sein, eine Gesprächsführung mitzuerleben, bevor Sie selber den „Ernstfall" erleben. Am sinnvollsten ist es, wenn es sich um Schüler handelt, die Sie auch unterrichten.

Transparenz ...
reduziert Schwierigkeiten

Transparent heißt durchschaubar, nachvollziehbar, berechenbar und damit auch überprüfbar und veränderbar. Im Englischen heißt das alles *accountability* und trifft es meiner Ansicht nach etwas besser. Was unseren Beruf angeht, bezieht er sich auf das gesamte schulische Handeln – von der Außendarstellung der Schule, der Schulprogrammentwicklung, der innerschulischen Kommunikation über Rahmenpläne bis hin zu Elternabenden und natürlich ganz besonders zu Ihrem eigenen Unterricht.

Mehrere kluge Menschen haben sich darüber ausgelassen, dass die Anzahl der Missverständnisse in der menschlichen Kommunikation unendlich ist. Wie wahr! Ich bin gelegentlich nicht einmal in der Lage, meinen engsten und liebsten Mitmenschen meine Handlungen klar zu machen. Immer wieder passiert es, dass sie mich kopfschüttelnd ansehen, weil sie mich falsch verstanden haben oder so reagieren, dass ich mich falsch verstanden fühle. Ganz abgesehen von den Momenten, in denen ich mich selber nicht verstehe ... Und nun soll ich auch noch den Schülern, meinen Kollegen und der gesamten schulischen Hierarchie gegenüber dieser klare, leicht gläserne Mensch sein. Kann ich das? Will ich das überhaupt?

Damit wir uns richtig verstehen: Transparenz heißt nicht Psycho-Strip! Wir müssen unseren Schülern nicht Seele und Privatleben enthüllen. Wie sagte unsere Tochter neulich? „Es ist beruhigend zu wissen, dass sie (die Lehrer) ein Privatleben haben, aber man möchte keine Details wissen!" Über mein Familienleben möchten meine Schüler z. B. nur wissen, wie alt meine Tochter ist, und die Jungen möchten wissen, ob sie hübsch ist; ob sie klug ist oder kocht, hat noch keiner gefragt und nie wollte ein Schüler wissen, was mich mit meinem Mann verbindet. Sie sind allerdings daran interessiert, ob ich schlechte Laune habe, wenige möchten erfahren, warum. Die Erklärung „Ich bin erkältet!" reicht ihnen völlig. Kurz: Die meisten Schüler sind an der Benutzeroberfläche „Lehrer" interessiert, nicht aber an dem Inneren seines Betriebssystems.

Also, die Frage: „Will ich überhaupt transparent sein?", bezieht sich nicht auf das Private, sondern auf das Schulische. Und hier ist die Antwort klar. Wenn wir so etwas wie moderne Pädagogen sein wollen, müssen wir Transparenz wollen oder zumindest ernsthaft anstreben. Tun wir das nicht, können wir alle Bemühungen bezüglich des autonomen, eigenverantwortlichen und selbstbestimmten Lernens in der Schule auf der Stelle vergessen.

Denn:

Wie soll ein Schüler, der nicht weiß, worum es geht, die Verantwortung für seinen Lernprozess übernehmen? Wie kann der Schüler Partner im Lernprozess werden, wenn er noch nicht einmal die Betriebsvereinbarungen kennt? Es geht nicht! Alles, was ihm im besten Fall übrig bleibt, ist doch, dem Unterricht irgendwie zu folgen und zu hoffen, dass die Gehirnwindungen des Lehrers in etwa den seinen gleichen oder dass die Lehrerin ihn wenigstens gut leiden kann.

Konzentrieren wir uns auf die Kommunikation zwischen Ihnen und den Schülern, denn das ist ja wohl das Wichtigste: Zwischen Ihnen und den Schülern soll die Kommunikation über die gemeinsame Aufgabe so gut wie möglich klappen. Ein Blick in die Schulwirklichkeit:

Zehn Minuten nach Stundenbeginn haben die meisten Schüler noch keine Ahnung, worum es eigentlich in der Stunde geht. Das ist nicht nur eine Vermutung. Ich habe viele Schüler befragt.

Manche machen den Versuch, die Lehrer schon in der Pause zu fragen, z. B: „Machen wir heute das Sonnensystem?" Das hilft oft nicht, wenn man mal von dem Aussagewert eines geheimnisvollen „Lasst euch überraschen!" absieht. Ich gestehe, dass ich das auch schon gesagt habe, weil ich weder hören wollte „Nicht schon wieder!" noch „Warum denn nicht? Das war doch wenigstens mal interessant!" Vielleicht wusste ich zu diesem Zeitpunkt auch noch nicht so genau, was ich nun wirklich vorhatte, oder hatte keine Lust, den Unterschied zwischen dem, was der Schüler gesagt hatte, und dem, was ich wirklich vorhatte, zu definieren. Letztlich habe ich mich auch schon so aus der Affäre gezogen, weil ich den Eindruck hatte, dass es sich mehr um eine Form der Kontaktaufnahme handelte als um eine echte Frage und etwa dieselbe Ebene bediente wie: „Machen wir heute früher Schluss?",

„Gucken wir heute einen Film?" oder „Schreiben wir einen Test?" Auch hier geht es mehr darum, schon einmal Kontakt aufzunehmen und vielleicht herauszubekommen, in welchem Zustand sich die Lehrkraft heute befindet und womit man auf der atmosphärischen Ebene rechnen muss. „Warum sind Sie nie krank?" gehört überhaupt nicht in die Fragekategorie, sondern mehr in die des Pöbelns und kann man höchstens kontern mit „Weil du dann frei hättest!" oder „Weil ich nicht so verweichlicht bin wie du!" oder „Ich kann es nicht ertragen, ohne euch zu sein!". Lieber nicht zurückfragen: „Hättest du das denn gerne?" Das kann deprimierend sein.

Ob nun das Interesse der Schüler authentisch ist oder nicht und warum es authentisch sein könnte, lassen wir beiseite. Bedauerliche Tatsache ist jedenfalls, dass aus der Sicht der Schüler zum einen die Pläne der Lehrer und ihre Zielsetzungen oft im Dunkeln liegen, zum anderen ihre Äußerungen unverständlich und drittens die Resultate der Schüler-Lehrer-Kommunikation, sprich Noten oder andere schulische Maßnahmen, unerklärlichen Regeln folgen.

Manche Schüler (und oft auch ihre Eltern) sind nun krampfhaft bemüht, anhand von Indizien zu ergründen, was die Lehrkraft „umtreibt". Das kann bei längeren Schicksalsgemeinschaften auch durchaus erfolgreich sein. Wenn man sich lange genug kennt und über etwas psychologisches Einfühlungsvermögen verfügt, kann man durchaus wissen, was ER oder SIE hören oder lesen will. Nach drei Jahren gemeinsamer „Einleitung, These, Antithese und Synthese" wusste ich, dass meinem Deutschlehrer das Wort „vielschichtig" so lieb war, dass seine Verwendung im „Besinnungsaufsatz" mindestens eine Zensur nach oben ausmachte. Das funktioniert nur bei einem Teil unserer Klientel. Einige Schüler machen sich – meist nach einigen Einbrüchen – nicht die Mühe, im Sumpf der pädagogischen Handlungen irgendwelche Irrlichter zu verfolgen und sind mehr oder weniger verunsichert. Verunsicherung erzeugt wiederum Apathie, Angst oder Aggression, kurz: Sie ist dem Lernprozess abträglich und verursacht oft Disziplinprobleme.

Dazu einige (wahre!) Schüleräußerungen:
- Ich weiß nicht, was sie von mir will, und sie weiß nicht, was ich meine. Ist das nicht furchtbar? (O-Ton unsere Tochter)
- Ich weiß einfach nicht, worauf der hinauswill.

- Ich habe keine Ahnung, was in der Arbeit vorkommt, außerdem hat sie sie erst gestern angesagt.
- Der kann man es nicht recht machen. Erst sagt sie so, dann sagt sie so.
- Die weiß ja selber nicht, was sie will.
- Die guckt einfach nur in unsere Richtung und denkt, es ist klar, wen sie meint. Sie soll doch mal 'nen Namen sagen oder eine klare Frage stellen!
- Erst hat sie gesagt, die Tests zählen ein Drittel, und nun kriege ich doch 'ne Vier – dabei habe ich zwei gute Tests geschrieben. Die ist einfach unfair. Das sage ich meinem Vater.
- Der erzählt immerzu Sachen, die überhaupt nicht zum Thema gehören.

Warum ist das so? Die Ursachenforschung ist unangenehm. Erstens ist das Feld so weit und die Forderung so schwer zu erfüllen, zweitens erkenne ich mich in meiner eigenen Analyse schamvoll wieder – zumindest partiell und temporär. Trotzdem wage ich es. Ursachen können sein:

1. Der Lehrer hat wirklich selber „keinen Plan" oder kein Konzept.
2. Er hat keine Lust, den Schülern den Plan mitzuteilen, weil er das als zu mühsam ansieht und denkt, dass sie es sowieso nicht verstehen würden.
3. Er befürchtet, die Schüler könnten seinen Unterricht schon im Vorfeld „kaputtmachen" oder zumindest die Planung kritisieren und mit der Vorerwartung „alles Sch…" sozusagen als „Warmingup" den Unterricht beginnen, sodass er noch nicht einmal eine Chance hätte, eine Chance, die es bei „Überraschungen" durchaus geben könnte. Er möchte sich nicht „outen" und schon im Vorfeld angreifbar machen.
4. Er ändert seinen Plan andauernd, weil er selber ganz unsicher ist und dadurch Konflikten und Schwierigkeiten ausweichen möchte.
5. Er hat versucht, seinen Plan mitzuteilen, es ist aber nicht gelungen.

Zu 1: Es kann daran liegen, dass er es einfach nicht kann – also „Chaos im Kopf" hat – oder dass er die Mühe der Vorbereitung scheut. Vielleicht rationalisiert er das alles noch, schwört auf Spontaneität und hofft, dass der Tritt über die Türschwelle inspiriert. Das kommt alles vor, ist aber bei unserem Gehalt und unserer Verantwortung als Regelfall nicht akzeptabel.

Zu **2**: Wenn man erwartet, dass Schüler selber die Verantwortung für ihren Lernprozess übernehmen, haben sie ein Recht zu erfahren, was die Ziele sind und wie sie abgeprüft werden – also, was sie bis wann tun müssen, um eine gute Noten zu bekommen. Wenn man annehmen muss, dass die Schüler den Plan nicht verstehen, kann man auch nicht annehmen, dass sie in der Lage sind, die Lernziele zu erfüllen und dem Unterricht zu folgen – kurz: Da stimmt etwas nicht.

Zu **3**: Ich verstehe diese Befürchtung gut, denke aber, dass Ursache und Wirkung vertauscht sind. Wenn Schüler Unterricht kaputtmachen wollen, liegt das nicht daran, dass sie die Zielsetzung kennen. Es liegt daran, dass sie wissen, dass sie wieder versagen werden oder es wieder langweilig wird. Sie möchten Wut und Aggression auf eine andere Schulter laden als auf die eigene.

Zu **4**: Natürlich kann man Pläne auch ändern, deshalb heißen sie ja auch Pläne. Schwierig wird es, wenn Schüler das Gefühl bekommen, dass nichts zuverlässig ist, dass sie sich auf nichts einstellen können und dass sie von den Launen eines Mächtigen abhängig sind. Die andere – für uns noch unangenehmere – Variante ist, dass die Schüler diesen „Wankelmütigen" als schlaffe „Nullnummer" empfinden.

Zu **5**: Ich verweise wieder auf die unendliche Zahl der kommunikativen Missverständnisse. Das fängt damit an, dass Wörter und Sätze auf völlig unterschiedlichem Erfahrungshintergrund verarbeitet werden, und endet damit, dass auch die nonverbale Kommunikation kulturell und sozial vielleicht nicht passt. Was Ihnen völlig klar erscheint, ist für andere eine unergründliche Kloßbrühe.

Also, absolute Transparenz zu erreichen ist wahrscheinlich unmöglich. Anstreben wollen und müssen wir sie aber. Was tun? Einige Beispiele und Möglichkeiten, die Sie in Erwägung ziehen könnten:

- Teilen Sie den Schülern mit, um welche Inhalte es in der gesamten Einheit geht, was das Thema der Stunde ist und welche Phasen und Ziele es gibt.
- Schreiben Sie am Anfang der Stunde Themen und Strukturen an! Nicht detailliert, sondern als grobe Übersicht. Ein linearer Ablauf ist oft schon hilfreich. Aber es gibt noch andere, interessantere visuelle

Möglichkeiten wie zum Beispiel Mindmaps. SOL (selbst organisiertes Lernen) benutzt eine mit Texten und Bildern versehene Lernlandkarte, den Advance Organizer. Nutzen Sie alle Möglichkeiten, an SOL- oder EVA- (eigenverantwortliches Lernen und Arbeiten) Fortbildungen teilzunehmen, oder andere Methoden, die Schülerpartizipation vorsehen, zu erlernen.

- Kennzeichnen Sie in diesen Darstellungen an der Tafel oder auf Postern, an welchen Stellen Schüler Entscheidungen treffen können, was sie wie lange, wo und mit wem bearbeiten wollen und wo sie einen Schwerpunkt setzen wollen. Informieren Sie sich in Ihren Seminaren und bei Verlagen über Stationenlernen und Lernbüfetts! Diese Organisationsformen ermöglichen, dass Schüler in einem von ihnen selbst bestimmten Tempo verbindliche und optionale Aufgaben mit Hilfe eines Laufzettels abarbeiten, d. h. sich entweder neues Wissen aneignen oder Lerndefizite mindern.
- Schreiben Sie sich am Ende der Stunde auf, was Sie in der nächsten Stunde machen werden. Teilen Sie das auch Ihren Schülern mit. Diktieren Sie es! Dann können Sie das nächste Mal auf die Frage „Was machen wir heute?" antworten: „Wo wir das letzte Mal aufgehört haben!" oder: „Das weißt du doch sicher noch ...".
- Sagen Sie den Schülern, was Sie von ihnen erwarten! Stellen Sie kurzfristige und langfristige und auf jeden Fall konkrete Minimal- und Maximalforderungen. Sagen Sie, welche positiven Dinge sich ereignen werden, falls die Maximalforderung erreicht wird (Pluspunkte z. B.)!
- Sorgen Sie dafür, dass diese Erwartungen und Zielsetzungen erfüllbar sind und auch Maximalforderungen von einigen Schülern erfüllt werden können. Korrigieren Sie notfalls Ihre Anforderungen.
- Transparenz bezieht sich auf das Unterrichtsgeschehen (da passiert es zu selten), auf die Zensurengebung (da ist sie rechtlich verankert), aber auch auf das Unterrichtsverhalten, sprich Arbeitshaltung, Mitarbeit, Hausaufgaben, Mitbringen von Büchern und Material. Die Schüler müssen wissen (und das erfahren Sie von Ihnen!), was Sie als wünschenswertes und nicht wünschenswertes Verhalten bezeichnen und empfinden. Schreiben Sie es an! Teilen Sie mit, was zu welchem Teil in die Note einfließt und auch, was für Sie zu akzepta-

blen und höflichen Umgangsformen gehört. Diktieren Sie diese Dinge zum Mitschreiben in die Merkhefte. Spiegeln Sie es klar im Unterricht. Schaffen Sie Transparenz, indem Sie wünschenswertes Verhalten deutlich loben. Zeigen Sie dies mit Worten, Mimik, Gestik und vielleicht auch mit Taten! Diese „positive Verstärkung" wird Ihnen am Anfang furchtbar übertrieben vorkommen, weil Sie das „gelobte" Verhalten wahrscheinlich als selbstverständlich empfinden. Überwinden Sie sich! Es hilft. Das muss und sollte sich nicht moralisch anhören. Ein „Perfekt!" und ein Lächeln signalisieren Anerkennung und nicht: „Du bist gut und die anderen sind schlecht!"

- Halten Sie sich an das, was Sie gesagt haben, über einen einigermaßen überschaubaren Zeitraum! Gestalten Sie Regeln und Absprachen einfach und überschaubar. Sabotieren Sie sich nicht selber, indem Sie Ihre Systeme andauernd umstürzen. Die Akzeptanz ist erstaunlich, wenn die Regeln glasklar sind. Als unsere Tochter zum ersten Mal erzählte, dass sie heute in ihrer Taekwondo-Schule 30 Liegestütze machen musste, weil sie den Gürtel vergessen hatte, waren wir geschockt. Der Schock bezog sich mehr auf die Selbstverständlichkeit, mit der uns dies erzählt wurde („Das ist da immer so!"), als auf das Geschehen selber. Meine Frage, was denn passieren würde, wenn man das nicht machte, stieß auf Unverständnis: „Wie jetzt? Nicht machen, was der Meister sagt?" Den Rest des Abends plagte mich der Neid.
- Rechnen Sie immer damit, dass Sie sich nicht für alle klar ausgedrückt haben. Wählen Sie unterschiedliche Möglichkeiten.
- Vermeiden Sie bei Arbeitsanweisungen und Anforderungen schwammige Formulierungen! „Sprecht ein bisschen über ...!" oder „ Lest das mal gemeinsam durch!" oder „Schreib mal etwas über *Native Americans!*" kann man sich sparen. Meine Schüler verstehen: „Lest euch den Text zweimal abwechselnd laut vor!" oder „Sprecht eine Minute auf Englisch und benutzt dabei die 10 Wörter an der Tafel!" oder „Schreibe in zwanzig Minuten in mindestens hundert Wörtern alleine auf, was du über die Internate der *Native Americans* gelernt hast! Zeige das Resultat deinem Nachbarn! Lass ihn alle Rechtschreibfehler mit Hilfe des Buches korrigieren!" oder „Zeichne zu 3 Sätzen des Textes 2-Minuten-Bilder!"

- Üben Sie, wie man Arbeitsanweisungen gibt! Ich glaube, das ist das Schwierigste überhaupt. Ich sitze oft hinten in einer Unterrichtsstunde und erlebe, dass die Schüler nicht wissen, was sie machen sollen. Ich erlebe das leider manchmal auch in meinem eigenen Unterricht – falls Sie das tröstet! Zum Teil ist das allgemein menschliches Verhalten. Bitte erinnern Sie sich an Seminare, in denen Sie selbst auch erst mehrere andere Teilnehmer nach der Aufgabe fragen mussten, weil Sie schlicht nicht zugehört hatten oder die Anweisung irgendwie an Ihnen vorbeigegangen war. Probieren Sie aus, den Schülern eine Minute Zeit zu geben, über die Aufgabe nachzudenken (die Sie gerade gesagt oder an die Tafel geschrieben haben), und lassen Sie dann von mehreren Schülern wiederholen, wie sie die Aufgabe verstanden haben. Das kann ziemlich deprimierend, aber sehr aufschlussreich sein. Selbst bei „Open your books on page 26!" hat es in meinem Unterricht schon Überraschungen gegeben. Es gibt ja Grammatikbücher und Textbücher und 26 verwechselt man sehr leicht mit 62, oder man glaubte zu wissen, dass man die Seite von gestern aufschlagen sollte, und hat das auch so gehört. Wenn es komplizierter wird, geben Sie am besten Beispiele. Machen Sie es vor! Die meisten von uns erklären zu viel und zeigen zu wenig. Dabei sind so viele Schüler Modelllerner. Sie brauchen Beispiele, Muster und Demonstrationen. Bei langen Erklärungen fühlen sich die Schüler „vollgetextet" und schalten ab. Auch ich bin eher eine „Erika Mustermann". Ich verstehe ein Modell sofort, verbale Erklärungen dauern etwas länger.
- Besorgen Sie sich eine Eieruhr oder einen Kurzzeitwecker, damit es auch nach der von Ihnen angegebenen Zeit klingelt und die Schüler und Sie ein besseres Zeitmanagement lernen. Die meisten Menschen sind damit sehr ehrlich. Es gibt aber auch welche, die diese objektiven Zeitnehmer schon mal nach Bedarf manipuliert haben. Ich weiß das leider selber nur zu genau …
- Schreiben Sie sich Ihre Impulse oder Arbeitsanweisungen immer wieder mal vor der Stunde auf. Beschränken Sie diese auf eine überschaubare Anzahl, z. B. 12 wichtige Anweisungen pro Stunde. Pro Stunde! Nicht auf einmal! Zwei Dinge kann der Mensch sich merken, drei vielleicht, danach beginnt die Unendlichkeit – sagt mein Mann, und der muss es als Mathematiker wissen.

- Wenn Sie ein System für Mitarbeitspunkte entwickelt haben, machen Sie es für die Schüler einsichtig. Wenn sie fragen: „Wie stehe ich?", können sie dort selber nachsehen.
- Setzen Sie Rituale ein. Rituale schaffen Sicherheit. Wenn alle wissen, worum es geht, woran sie sind und was sie tun sollen und können (siehe Kapitel „Disziplinkrisen"), sind die meisten zufrieden. Dies gilt auch für methodische Verfahrensweisen. In meinem Unterricht ist es z. B. so, dass ich nur 12 DIN-A6-Blätter auf einen Tisch in die Mitte des Raumes legen muss, dann wissen alle Schüler, was nun passiert: Ein Schüler ist Läufer, der andere Schreiber – wie beim Laufdiktat. Der Läufer übermittelt die Fragen in der Mitte an den Schreiber (ohne das Blatt anzufassen und ohne zu schreien), dann lösen beide Schüler zusammen die Fragen mit Hilfe des Textes (z. B. im Buch) – wie und in welcher Reihenfolge, ist ihre Entscheidung. Ich brauche nur „Go!" zu sagen und alles läuft ohne jegliches Zutun meinerseits. Ich musste nur zwölf Fragen auf Zettel schreiben. Dies ist zur Not sogar noch als „Pausenvorbereitung" machbar. Üben Sie Dialoge, Lieder und Monologe ein, von denen Sie nur die erste Zeile anstimmen müssen und Sie sich dann freuen können, wie es läuft. Das Freuen meine ich übrigens ernst. Es läuft nicht, wenn Sie einen Rap oder die erste Zeile der Balkonszene von Romeo und Julia anstimmen und danach das Geschehen ausdruckslos und mit verschränkten Armen beobachten oder in Ihrer Tasche nach Unterrichtsmaterial oder Ihrem Schulschlüssel herumkramen. Nichts wirkt sich so tödlich auf die Motivation der Schüler aus wie ein unmotivierter Lehrer. Etwas Begeisterung muss schon sein. Sie sind auf der Bühne, nehmen Sie Ihre Rolle an! Das beste Lob, das ich in einer dienstlichen Beurteilung über mich gelesen habe und über das ich mich am meisten gefreut habe, war: *„Her enthusiasm is catching!"*
- Rituale schließen Überraschungen nicht aus. Es kann auch ein Ritual sein, jeden Freitag eine Überraschung zu erleben.
- Hören Sie in regelmäßigen Abständen auf Ihre Schülerinnen und Schüler! Lassen Sie sich ein Feedback geben! Fragen Sie möglichst konkret, also z. B.: „Wie konntet ihr die Vokabeln besser lernen? In der Partnerarbeit oder beim gemeinsamen Üben im Kreis? An welche Übungen kannst du dich am besten erinnern? Zeigen Sie in den folgenden Stunden, dass Sie die Rückmeldungen ernst nehmen!

Transparenz macht in der Planung viel Arbeit. Sie entlastet dafür bei der Durchführung in erheblichem Umfang. Die Sache lohnt sich. Schüler, die wissen, worum es geht, an wem sie sind und wo sie sich in ihrem Lernprozess befinden, wie sie sich einbringen können und mit welchen Konsequenzen sie rechnen können und dürfen, haben eine Chance, zufrieden, motiviert, erfolgsorientiert und effektiv mitzuarbeiten. Außerdem gibt es erheblich weniger Ärger mit den Eltern – und wenn doch, sind die Dinge nachvollziehbar.

So weit die Transparenz den Schülern gegenüber. Das Feld ist unendlich weit. Ich möchte an dieser Stelle nur noch die innerschulische Transparenz erwähnen. Wie weit Sie von der Schulleitung und anderen „Senioren" über wichtige Abläufe und Tatbestände in Kenntnis gesetzt werden, hängt nur zum Teil von Ihnen ab. Natürlich können Sie Fragen stellen, aber Sie werden ja oft noch gar nicht wissen, wonach Sie fragen könnten. Als ich als Austauschlehrerin ein Jahr in England unterrichtete, hatte ich ca. zehn Tage vor den Zeugnissen meine Noten schon fertig gemacht. Ich wollte sie auch abgeben, als mich die Fachbereichsleiterin fragte, woher ich sie denn schon hätte, denn sie hätte mir die Anzahl meiner Zweien und Dreien etc. doch noch gar nicht zugeteilt. Es existierte damals dort noch die „Normalverteilungskurve" für den gesamten Jahrgang. Auf diese Idee wäre ich selber nie gekommen, hätte also auch nie danach fragen können. So wird es Ihnen bestimmt auch manchmal gehen. Man hat als Anfänger ja keine Ahnung von den Abläufen und die „Alten" können sich gar nicht mehr vorstellen, was man alles nicht wissen kann, weil sie seit vielen Jahren nichts anderes mehr kennen. Nehmen Sie ihnen das nicht zu übel. Es ist auch ein bisschen Glückssache, mit welchen „Leitfiguren" Sie es an Ihrer Schule zu tun haben. Nicht alle Leitungsmitglieder und Kollegen haben automatisch kommunikative Kompetenzen und können sich in die Rolle anderer Menschen hineinversetzen.

Sie können aber beeinflussen, inwieweit Sie Ihr eigenes Handeln für andere Kolleginnen und Kollegen transparent und nachvollziehbar halten:

- Wenn Sie mit einer Kollegin – das kann eine anleitende Lehrerin, eine Integrationslehrerin, eine Schulhelferin sein – im selben Raum mit derselben Gruppe im Team arbeiten, müssen zuvor die Rollen geklärt sein (siehe auch Kapitel „Mentoren"). Wer macht was? Wenn eine unterrichtet, kann die andere zusehen, gezielt einzelnen Schülern helfen, Beobachtungen machen und Material vorbereiten oder austeilen. Man kann aber auch phasenweise abwechselnd unterrichten, Dinge (Dialoge!) gemeinsam demonstrieren oder die Gruppen teilen. Wer gibt die Noten? Gerade bei Beurteilungen kann es zu großen Empfindlichkeiten kommen. Sie signalisieren z. B. einem Schüler, dass Sie seinen Vortrag toll fanden, und greifen damit in die Zensierung der anderen Person ein. Das kann diese sehr übel nehmen. Wichtig ist, die Erwartungen im Vorfeld zu klären und nach der Stunde ein kurzes Feedback zu geben. Eine gute Planung ist hier sehr hilfreich. Nur ganz begabte und hochflexible Menschen können ohne Planung im Team unterrichten. Es kann nur dann klappen, wenn man auf derselben Wellenlänge unterrichtet und sehr gut aufeinander eingespielt ist.

- Halten Sie sich an Absprachen und teilen Sie Ihre Absichten mit! Kein Klassenlehrer wird sich freuen, wenn Sie über seinen Kopf hinweg Schülereltern anrufen, Klassenarbeiten eigenmächtig verschieben oder die Schüler im Zuge von Exkursionen dem von Kollegen geplanten Unterricht entziehen. Schaffen Sie hier keine unnötigen Feindschaften! Das hat nichts mit Ihrer Stellung als Referendarin zu tun. Ein Kollegium ist ein Team, das auf Kommunikation und Absprachen angewiesen ist, um das Schiff einschließlich der Besatzung und der Passagiere nicht auflaufen zu lassen.

Auf diesem Schiff gibt es übrigens auch ganz viele Aktentaschen, Plastiktüten und Jutetaschen, Lexika, Bücher, Lehrerhefte, Bilder, DVD- und CD-Player, Protokolle, Karten, Plakate, Notizen, Ordner und fliegende Blätter. Verwöhnen Sie sich auch selber mit Transparenz der Selbstorganisation, statt sich im ewigen Wust des „Wo hab ich denn …? – Eben war es doch noch da!", „Ach, es ist schon so weit – ich habe doch noch gar nicht …!" aufzureiben und fertig zu machen. Ich kann glaubwürdig versichern, dass ich auf Grund von eigenem und täglich auch bei anderen sichtbarem Leid weiß, wovon ich rede.

Schüler können hier sehr hilfreich sein, ohne sie als „Taschenträger" und „Schleimpunkteempfänger" zu missbrauchen. Wenn gesichert ist, dass jemand das Klassenbuch holt, ein Dienst die Tafel wischt und den Boden fegt, Wörterbücher zuverlässig (weil transparent geregelt) geholt und weggebracht werden, sind Sie einen guten Schritt weiter. Wenn Sie keinen finden, der das freiwillig macht, kopieren Sie zweimal (einmal zum Aushang, einmal als Ersatz) die Klassen- oder Kursliste und teilen Sie die Dienste mit Datum ein.

Der wirklich heiße Tipp ist, Selbstorganisation und Rituale sinnvoll miteinander zu verknüpfen. Wenn man es schafft, die in mühevoller Kleinarbeit von der Schülern oder Ihnen gesammelten Materialien sinnvoll aufzuheben, sodass man sie auch wieder findet, kann man das Unterrichtsleben für alle Beteiligten erleichtern. Ich lasse zum Beispiel ganz oft die von den Schülern als schwierig empfundenen Vokabeln auf Zettel aufschreiben, die dann von anderen Schülern noch mal überprüft und von mir eingesammelt werden. Aus diesem Kartenstapel ziehen dann Schüler in anderen Stunden wieder zehn heraus, bilden Sätze, verknüpfen sie zu einer Geschichte oder versuchen jeweils eine Assoziation zu finden. Mein Kollege Hans lässt Schlüsselwörter einer Geschichtsstunde von den Schülern auf Blätter aufschreiben. Da steht zum Beispiel: „Karl der Große – 800 – Kaiserkrönung – Sachsenschlächter". Er sammelt diese Blätter, bis er einen kleinen Stapel hat. Dann zieht er vor einer der nächsten Stunden drei heraus und benutzt sie zur Wiederholung (mehr zu methodischer Varianz im Kapitel „Gute Stunden …").

Sie werden sehen, je mehr Sie ausprobieren, umso mehr wird Ihnen einfallen.

Ideen ...
brauchen Offenheit

*F*ür gute Unterrichtsideen gibt es kein Copyright. Ich habe immer schamlos alles, was ich gut und interessant fand, kopiert oder für meine Situation passend „umgestrickt". Nichts, was ich tue, ist letzten Endes auf meinem Mist gewachsen, alles ist „geklaut", nur die Zusammenstellung ist oft von mir. Eben diese erscheint dann oft wieder als originell oder ist es vielleicht auch. Ich meine, alles Kreative entsteht letztlich auf diese Weise.

Ich finde meine Ideen überall: in Zeitungen, auf Fortbildungen, im Fernsehen, in Gesprächen mit Koleginnen, Schülern, Seminarteilnehmern, meinem Mann und meiner Tochter, beim Zugucken im Unterricht, durch Videoaufzeichnungen von Unterricht, manchmal auch in Büchern und Zeitschriften über Unterricht. Dort profitiere ich am meisten von den Autoren, die praktische und pragmatische Vorschläge machen. Theorien sind gut und schön und auch Sie sollten sich damit beschäftigen, aber morgen müssen Sie wieder antreten und was machen Sie dann? Suchen Sie sich Literatur, die Ihnen hierüber Auskunft gibt! Sie finden praktikable Anregungen in Büchern und Artikeln über Verhaltensmodifikation, Binnendifferenzierung, ganzheitliche Methoden SOL (selbst organisiertes Lernen) Suggestopädie, NLP (Neuro-Linguistisches Programmieren), Lernpsychologie, Stressbewältigung, Hirnforschung, Psychomotorik, Vorschläge über Vertretungsstunden und Unterrichtsentwürfe. Alles, was beschreibt, was Sie in wörtlicher Rede sagen und tatsächlich tun können, hilft Ihnen jetzt.

Lassen Sie sich nicht von Systemen schrecken! Ich nehme mir zum Entsetzen einiger meiner didaktisch gebildeten Kollegen einfach ungeniert und eklektisch das heraus, was ich brauchen kann. Teig gibt es überall genug, picken Sie ruhig die Rosinen heraus und probieren Sie aus, was Ihnen sinnvoll erscheint. Die naserümpfende Ablehnung von Unterrichtsrezepten habe ich noch nie verstanden. Natürlich lässt

man alles erst mal durch den Filter der eigenen Einstellungen, Vorstellungen und Bedingungen gehen. Alles, was da passen könnte, kann man versuchen.

Reden Sie oft mit Kollegen! Lassen Sie sich deren Arbeitsbögen zeigen (nachdem Sie auch Ihre zur Verfügung gestellt haben)! Fragen Sie, ob Sie sich etwas kopieren können! Legen Sie sich eine Materialsammlung an, sammeln Sie Fotos aus Zeitungen, witzige Bilder, tolle Songs. Einige meiner guten Unterrichtsstunden haben ganz entgegen den didaktischen Prinzipien, in denen immer das Ziel an erster Stelle steht, mit dem Gedanken begonnen „Da habe ich doch noch …" Oder: „Da hatte Hans doch neulich dies tolle …" Natürlich habe ich ein Thema und ein Ziel im Hinterkopf, der Impuls geht aber oft von Materialien aus.

Je spielerischer und respektloser Sie den großen Theorien gegenüber angelegt sind, desto leichter wird es Ihnen fallen, einen fantasievollen Unterricht zu machen. Kreative werden bienenfleißig, wenn es darum geht, etwas zu gestalten.

Vertretungen ...
werden von der Schulleitung angeordnet

Vertretungen werden von der Schulleitung angeordnet. Von daher ist dieses Kapitel eng mit dem Thema „Umgang mit der Schulleitung" verknüpft.

Vielleicht haben Sie kaum angefangen und stecken schon in folgendem Dilemma: Es fehlen viele Kollegen, der Unterricht ist schwer abzudecken und Sie werden von der Schulleitung aufgefordert zu vertreten. Das kann zusätzlich zu Ihren sonstigen Verpflichtungen sein, es kann auch sein, dass Sie es statt Ihrer Hospitation machen sollen. Es kann auch sein, dass Sie auf Ihren Mentor verzichten müssen, weil der seinerseits vertreten muss. An vielen Schulen klappt die Doppelsteckung Ausbilder–Auszubildende über lange Zeit aus ebendiesem Grunde gar nicht.

Nun ist der letzte Fall sicher unerfreulich, aber relativ harmlos. Schlimmer ist, wenn Sie oft zusätzlich – möglichst auch noch kurzfristig – in irgendeine Klasse „reinmüssen". Das ist aus zwei Gründen problematisch: Einerseits wird die Arbeitsbelastung in der Summe zu hoch, andererseits gehören Ad-hoc-Vertretungen zu den pädagogisch wirklich schwierigen Aufgaben. Mir selbst geht es so, dass ich lieber meine eigenen Kurse zwei Stunden unterrichte, als eine Vertretung zu machen. Man ist nicht vorbereitet, kennt die Gruppe nicht und dadurch kommt es oft zu nervenaufreibenden Situationen, in denen Schüler Dinge tun, die sie nicht tun sollen, von denen sie aber behaupten, dass dies alles bei ihrem regulären Lehrer zur Tagesordnung gehöre. Hebt man zu irgendwelchen Disziplinierungsmaßnahmen an, hat man oft Mühe, die angegebenen Pseudonyme („Wie heißt du?" „Rambo!") zu lüften oder sich sonstwie „durchzusetzen". Wenn es nun schon den alten Hasen so gehen kann, ist es fast unnötig zu beschreiben, wie Sie sich als Anfänger in solch einer Situation Ihren noch nicht mal erworbenen Ruf ruinieren können, sodass bald die ganze Schule weiß, was man mit Ihnen so alles machen kann.

Also, das möchten Sie nicht. Das oben erwähnte Dilemma besteht aber darin, dass Sie Bedenken haben abzulehnen, weil Sie fürchten, dann als nicht belastbar oder zumindest als unkooperativ oder unkollegial zu gelten und schnell „unten durch" zu sein. An großen Schulen tritt diese Situation übrigens weniger häufig auf, weil die „Dispositionsmasse" (Lehrerstunden) einfach größer ist und hier oft das Demokratie- und Solidaritätsbewusstsein besser entwickelt ist, auch weil ein breiteres Erfahrungspotenzial vorhanden ist.

Also, falls es Sie trifft, was tun? Es gibt mindestens drei Möglichkeiten:

1. Sie machen brav alles, was man Ihnen anträgt, eventuell unter Maulen und Klagen. Das hat unter Umständen zur Folge, dass Sie von den Kollegen voll als „eine von uns" akzeptiert werden. Wenn Sie zu viel jammern, kann das aber auch bedeuten, dass man findet, dass „die sich anstellt!" (Lehrjahre sind nun mal keine Herrenjahre etc. etc.) Es kann auch bedeuten, dass Sie krank werden. Krankheit mildert zunächst den Druck ein bisschen, erhöht ihn aber langfristig sehr.

2. Sie stellen sich auf die rechtlichen Hinterbeine und erklären kühl, dass Derartiges in der Ausbildungsverordnung nur in sehr geringem Maße vorgesehen ist. Das muss man können und auch wollen. Denn wenn man eine so offene Abgrenzung riskiert, muss man natürlich damit rechnen, dass Mitglieder der Schulleitung – auch durch die Situation gestresst – Ihnen die möglicherweise vorhandene freundliche Zuwendung entziehen und nun ihrerseits zukünftig auch rechtliche Positionen beziehen.

3. Sie führen ein persönliches Gespräch mit Ihrem Schulleiter oder mit dem Stellvertreter, der die Vertretungspläne meist macht. Ich würde zuerst ein Gespräch mit dem Schulleiter führen, ihn bitten, seinen Stellvertreter von dem Ergebnis in Kenntnis zu setzen, und dann ein zweites mit dem Stellvertreter suchen, um die Modalitäten im Einzelnen zu besprechen. So ein Gespräch könnte zum Beispiel folgenden Inhalt haben:

„Ich komme zu Ihnen, weil ich Ihren Rat und Ihre Hilfe brauche. Ich weiß einfach nicht, wie ich allen Anforderungen gerecht werden soll. Ich möchte mich keinesfalls unkollegial verhalten, aber ich bin (gerade jetzt) durch meine Ausbildungsverpflichtungen sehr belastet. Ich befinde mich in einer Zwickmühle. Ich möchte Ihnen das ganz offen darstellen. Sehen Sie mal, das ist zum Beispiel ein Stundenentwurf, wie er heute zum Standard gehört. Nächsten Montag und Mittwoch habe ich Hospitationen. Ich brauche die Zeit zur Vorbereitung ..."

Sinnvoll kann es auch sein, Alternativen anzubieten, zum Beispiel: „In der nächsten und übernächsten Woche kann ich nicht, aber in zwei Wochen steht nichts Besonderes an, da bin ich dann gerne bereit, mit einzuspringen ..." So ähnlich vielleicht. Sie werden schon den richtigen Ton treffen. Wesentlich ist nach meiner langjährigen Erfahrung Direktheit und Offenheit, aber auch der deutliche Wille zur Kooperation – innerhalb der von Ihnen darzustellenden Möglichkeiten. Es ist gut denkbar, dass Ihre Schulleitung von Ihren Belastungen keine Ahnung hat. Die Anforderungen haben sich während der letzten Jahre verändert. Heute sehen Stundenentwürfe und schriftliche Arbeiten völlig anders aus als früher. Daher ist es gut, so etwas zu einem Gespräch mitzubringen.

Also, reden Sie mit den Leuten. Das gilt auch für andere Situationen. Sie schreiben zum Beispiel an Ihrer schriftlichen Hausarbeit. In dieser Zeit liegt eine Gesamtkonferenz. Sie sind aber schon so unter Druck, dass Sie meinen, jede Minute nutzen zu müssen. Da würde ich mich auch nicht auf irgendwelche rechtlichen Vorschriften beziehen, sondern der Schulleiterin sagen: „Ich schreibe gerade an meiner Arbeit. Ich muss sie am Dienstag abgeben. Mir wäre geholfen, wenn ich heute nicht zur Konferenz kommen müsste. Geht das?" Da müsste die Dame schon sehr hartgesotten sein, wenn sie kein Einsehen hätte.

Im Übrigen hat die Schulleitung Ihnen gegenüber eine Fürsorgepflicht, die sich je nach objektiven Gegebenheiten, Menschenfreundlichkeit und persönlicher Souveränität sehr unterschiedlich gestalten kann. Der Satz „Ich brauche Ihre Hilfe!" bringt diese Verpflichtung relativ wirksam in Erinnerung, obwohl ich zugebe, dass er nicht so ganz einfach ist. Vielleicht üben Sie ihn zu Hause laut und vor dem Spiegel.

Diese Art von Gesprächen würde ich grundsätzlich von dem aktuellen Ereignis abkoppeln, das heißt, ich würde nicht auf den Vertretungsplan gucken, feststellen, dass ich in zehn Minuten dran bin, und dann zur Schulleitung laufen. Ich würde diese eine Vertretung machen und mir danach einen Termin geben lassen, um zukünftige Regelungen zu besprechen.

Wenn das alles nicht geht oder nichts nutzt, fragen Sie Ihre Ausbilderin, ob sie sich einschalten könnte. Aber erst würde ich immer den direkten und wenig formalen Weg wählen, um mir nicht weitere Möglichkeiten zu verbauen.

Noch einige Anregungen zum Umgang mit der Schulleitung: Schulleiter prägen das Klima und den Umgangston in ihren Schulen. Außerdem schreiben sie Ihnen – meist in Zusammenarbeit mit den anleitenden Lehrerinnen – Beurteilungen, die sich vor allem auf Ihre Integrationsfähigkeit, Belastbarkeit, Korrektheit und Zuverlässigkeit im schulischen Leben beziehen. Sie prüfen Ihre Wochenpläne, sind bei den Hospitationsstunden oft anwesend, sind Mitglieder der Kommission der 2. Staatsprüfung und haben unter Umständen Einfluss auf Ihre weitere Beschäftigung. Kurz, sie sind nicht unwichtig. Ich rate Ihnen, diesen Damen und Herren nicht untertänig, aber höflich und korrekt entgegenzutreten. Das fängt an bei der Begrüßung auf dem Korridor (ich habe die Erfahrung gemacht, dass bei Kollegen, Schülern und Schulleitung ein Gruß mit Namensnennung eine viel persönlichere Wirkung hat als ein beiläufiges „Hallo"), beinhaltet die pünktliche Abgabe der Wochenpläne und reicht bis zu den fristgemäßen Einladungen (eine Woche vorher!) zu Unterrichtsbesuchen. Auch wenn die Schulleitung aus Zeitgründen nicht zu jeder Hospitation mitkommen kann (oft wird diese Aufgabe an Mentoren oder Fachbereichsleiter delegiert), sollten Sie ihr doch immer mitteilen, wann Ihre Ausbilder in Ihrer Schule auftauchen, und eine entsprechende Einladung aussprechen. Beim ersten Besuch empfiehlt es sich auch durchaus, den Ausbilder vorzustellen: „Ich möchte Sie nicht lange stören. Ich möchte Ihnen nur kurz meinen Ausbilder für Deutsch, Herrn X, vorstellen. Herr X, das ist Frau Y, unsere Schulleiterin!"

Ich bin davon überzeugt, dass Sie das ohnehin so oder ähnlich machen würden. Es stellt sich aber oft heraus, dass im Eifer oder in der Unsicherheit der so genannten Lehrproben junge Lehrer auch einfache Umgangsformen vergessen und sich unnötigerweise etwas stoffelig präsentieren.

Sollten Sie dennoch in einen Fettnapf stolpern oder formale Fehler machen – das passiert fast allen hin und wieder –, tun Sie ganz gut daran, sich zu entschuldigen. Also zum Beispiel: „Heute hatte ich Besuch von meiner Hauptseminarleiterin. Ich habe leider ganz vergessen, Ihnen Bescheid zu sagen. Vielleicht wollen Sie sich schon jetzt den nächsten Termin notieren. Sie sind selbstverständlich auch eingeladen."

Also: Ein selbstbewusster, offener Umgang mit den „weisungsberechtigten Autoritäten" ist nur möglich, wenn auch Sie sich auf den Weg machen. Eine Schulleitung kann gute Arbeit nur dann leisten, wenn die Kommunikation stimmt. Leisten Sie dazu Ihren Beitrag!

Na ja, es gibt – in seltenen Fällen – in diesen Positionen auch Menschen, bei denen man sich fragt, wie sie dahin gekommen sind. Wenn Sie nicht die Schule wechseln wollen oder können, rate ich Ihnen, sich möglichst korrekt zu verhalten und ansonsten die Kontakte auf das Notwendigste zu beschränken.

Nun noch etwas konkreter zu den Vertretungen: Wenn es denn nun mal passiert ist – wie kann man eine Vertretung überstehen?

Manchmal hat man Glück und der Kollege hat etwas Sinnvolles vorbereitet. Wenn das noch etwas Schriftliches ist, umso besser, dann kann man es einsammeln und ihm alles ins Fach legen, nachdem man den Schülern gesagt hat, dass dies Einfluss auf ihre Zensur haben könnte. Nicht sehr modern und originell, aber wirksam.

Manchmal hat der Kollege auch etwas Unsinniges vorbereitet, zum Beispiel eine Einführungsphase zu einer neuen Einheit. Ich sollte mal in einem mir völlig unbekannten Kurs das Thema „Sexualität" einführen. Mündlich, selbstverständlich – Lehrer-Schüler-Gespräch war vorgesehen. Ich habe mich gehütet und lieber mein eigenes Fach unterrichtet. Der Kollegin habe ich die Sachen wieder ins Fach gelegt und dazu geschrieben, dass ich mir das nicht zugetraut hätte. Diese Botschaft funktioniert meist besser, als wenn man anfragt, was sich der Betreffende dabei gedacht hat.

Bevor Sie in die Vertretungssituation kommen, ist es außerordentlich sinnvoll, sich einen kleinen Fundus an Materialien zuzulegen. Es gibt gute praxisorientierte Bücher in den einschlägigen Verlagen, die speziell Material für Vertretungsstunden mit Kopiervorlagen anbieten. Ich habe davon immer mehrere Klassensätze in meiner Schublade in der Schule zu liegen. Fragen Sie Ihre Kollegen danach! Sie werden Sie das sicher kopieren lassen. Wenn es mich dann trifft, brauche ich nur zuzugreifen. Videos helfen auch, aber meist kommt alles so kurzfristig, dass man das mit den Geräten nicht mehr regeln kann.

Also, Sie kommen jetzt mit Ihrem Material (vielleicht konnte auch ein parallel unterrichtender Kollege etwas beisteuern) in den besagten Kurs. Es empfiehlt sich, zwei Sorten von Materialien dabeizuhaben: etwas Ernstes und etwas Spielerisches. Meist sind die Schüler erfreut, dass sie Vertretung haben, nicht weil der normale Lehrer ein Versager ist, sondern weil es eine Unterbrechung der Routine bedeutet und berechtigte Hoffnung besteht, dass das Arbeitsaufkommen geringer ausfällt oder der Test eben nicht geschrieben wird etc.

Als Erstes werden die Schüler von Ihnen wissen wollen, „ob Sie Unterricht machen". Darauf empfiehlt sich die Antwort „Ja!" Meist wollen sie dann wissen, ob Sie nett sind. Das beantworte ich fast immer mit „Nein!", um nicht falsche Erwartungen zu wecken. Der Rest obliegt Ihrem Geschick, aber ich werde Ihnen in aller Ehrlichkeit ein einigermaßen erprobtes Modell schildern.

Sie sagen, dass Sie natürlich Unterricht machen werden und dass es an den Schülern liegt, wie das aussehen wird: „Entweder schreibt ihr jetzt das Diktat, das Frau X vorsorglich vorbereitet hat, oder ihr bearbeitet das Material, das ich mitgebracht habe. Ich erwarte von allen, dass sie den rosa Bogen auf jeden Fall schaffen. Wer damit fertig ist, darf entweder den grünen Bogen machen (Rätsel – wird euch Spaß machen) oder seine eigenen Hausaufgaben erledigen. Ich will aber von jedem genau wissen, was er im Einzelnen machen will." Man kann auch für erledigte Aufgaben Mitarbeitspunkte notieren und sie im Kursbuch oder im Fach des Kollegen hinterlegen.

Ich gebe zu, auch das ist nicht gerade fortschrittlich, aber brauchbar. Wenn der Fall eintritt, dass ein junger Mensch auf die Frage nach seinem Namen mit Micky Maus antwortet, nimmt man sich ganz ruhig Hefter oder Heft, guckt sich bedächtig und wichtigtuerisch den Namen auf der Vorderseite an und notiert ihn sich. Gemein, aber hilfreich.

Schüler wollen auch immerzu auf die Toilette. Bei Vertretungsstunden lasse ich immer nur einen gehen, der sich dann feierlich auf einer Anwesenheitsliste (!) mit Uhrzeit eintragen muss. Es kann sonst leicht zu einer Alternativveranstaltung in den sanitären Anlagen kommen. Falls er nicht wiederkommt, wissen Sie dann wenigstens, wer es war.

Als Umgangston wähle ich meist einen freundlich-formalen und bin ausgesucht höflich. Letzten Endes kennt man sich nicht.

Die meisten dieser Ratschläge treffen auf Schüler der Mittelstufe zu. Bei den ganz Kleinen braucht man sich meist nicht so zu wappnen.

So interessant ich sonst das Experimentieren mit alternativen und offenen Unterrichtsformen finde, Vertretungsstunden sind hierfür – besonders für Anfänger – ein nur begrenzt geeigneter Ort.

Ausbilder ...
wissen manchmal auch etwas

Ausbilderinnen und Ausbilder sollen beraten und beurteilen. Wie wir das übrigens bei den Schülern auch sollen. Das allein schafft schon Konflikte. Wenn Sie wirklich Probleme haben, kann es nicht in jedem Fall günstig sein, die Ausbilderin in ebenjenen schwierigen Kurs einzuladen und ihr das Herz zu öffnen. Vielleicht wollen Sie ihr auch nicht erzählen, was Sie mit diesen Schülern alles schon angestellt haben. Sie wollen ihr vielleicht auch nicht mitteilen, dass Sie einfach keine Lust hatten, Ihren Unterricht gründlich vorzubereiten. Also, die Ehrlichkeit hat hier die Grenze an der Angst, dass sich so entstandene Einsichten in negativen Noten niederschlagen werden.

Ich will keineswegs sagen, dass diese Ängste unberechtigt sind. Ich selber habe in meiner Ausbildung erlebt, dass ich in dem einen Kurs, der super lief, immer gute Noten bekam. Als ich meinen Ausbilder dann einmal voller Hoffnung auf guten Rat in den anderen einlud, nämlich in den Kurs, mit dem ich nicht so gut klarkam, war die Note gleich zwei Zensuren schlechter. Vielleicht war die Stunde auch viel schlechter, aber ich habe danach trotzdem keinen mehr in diesen Kurs eingeladen und so auf eine entsprechende Beratung verzichtet. Meine Mentorin hat diesen Teil dann übernommen.

Ich halte diese Zwickmühle auch jetzt – nachdem ich selber oft die Rolle der Ausbilderin einnehme – für nicht auflösbar. Ich strebe zwar eine möglichst große Offenheit zu meinen Seminarteilnehmerinnen an, aber alles will ich manchmal auch nicht wissen.

Im Übrigen ist es im Umgang mit den Ausbildern wohl so, dass es nur zwei Alternativen gibt. Man kann mit ihnen oder eben nicht. Wenn man gar nicht mit ihnen kann, gibt es unter Umständen die Möglichkeit, das Seminar zu wechseln.

Wenn man sich entschließt zu bleiben, muss man irgendwie mit ihm oder ihr klarkommen. Dabei spart es viel Herumgerede, wenn Sie möglichst bald erfahren, worauf es bei der Dame oder dem Herrn

ankommt. Alle haben ihre Steckenpferde, die vielleicht auch ganz gut zu Ihnen passen, aber man muss sie halt kennen. Dies ist manchmal nicht so leicht. Aber Sie sind ja nicht alleine in dem Seminar. Reden Sie mit den anderen, bilden Sie kleine Arbeitsgemeinschaften! Erkundigen Sie sich, was bei den anderen schon gelaufen ist, wenn Sie neu hinzukommen. Stellen Sie laut und deutlich die naive Frage, was denn guten Unterricht im Kern ausmacht. Lassen Sie da nicht locker! Schlagen Sie „Kriterien für guten Unterricht" als Thema für eine Seminarsitzung vor. Sie könnten ja auch anbieten, ein Thesenpapier zu erstellen. Da könnte zum Beispiel stehen: Frontalunterricht kann kein guter Unterricht sein. Oder: Jede gute Stunde enthält eine Partnerarbeitsphase. Oder: Guten Unterricht erkennt man an der Mitarbeit der Schüler. Oder ähnlich Wahres oder Provokatives. Irgendwie muss der Leiter dann „aus der Tasche kommen". Wichtige „Augenöffner" sind auch die Unterrichtsstunden, die der Leiter selber vormacht. Falls er von sich aus nicht dazu einlädt, fordern Sie das Recht ein, indem Sie penetrant immer wieder danach fragen.

Wenn Sie dann wissen, worauf es ankommt, können Sie zum zweiten Mal erwägen, den Abgang zu machen. Wenn das nicht in Frage kommt, tun Sie gut daran, den formulierten Anforderungen eine Chance zu geben. Lassen Sie sich ein, eventuell auch auf Dinge, die Ihnen albern oder unsinnig vorkommen. Sie können es ja mal ausprobieren. Irgendetwas muss ja dran sein, wenn ein Praktiker davon schwärmt.

Was Unterrichtsanalysen und Beratungen im Anschluss an Ihre Stunden angeht, gibt es grob gesagt zwei „Typen" von Ausbildern: Die einen versuchen Sie durch mehr oder weniger geschickte Impulsgebung dazu zu bewegen, Ihre möglichen Fehlentscheidungen selbst zu finden und Alternativen zu benennen. Die anderen sagen klipp und klar, was sie nicht gut fanden und wie sie das machen würden. Die erste Variante hat den Vorteil, dass man sich nicht bevormundet fühlt, aber auch den Nachteil, dass man oft nicht weiß, was der oder die eigentlich wissen will. Für die zweite Variante spricht, dass man nicht wesentliche Energien an Interpretationen und Exegesen verschwendet – dafür fühlt man sich aber eventuell „gegängelt". Gott sei Dank bewegen sich viele Ausbilder irgendwo zwischen diesen beiden Extremen.

Bedenklich, wenn auch verständlich, finde ich, dass wir als Fachseminarleiterinnen viel zu wenig negatives Feedback bekommen. Alle haben Angst, sich ihre Noten zu verderben. Verstehe ich ja, aber es ist erstens nicht gut für unseren Charakter und zweitens kann es für Sie eigentlich auch nicht besonders befriedigend sein. Wenn sich keiner traut, könnten Sie sich doch Möglichkeiten anonymer Stellungnahmen ausdenken. Eine Sprecherin könnte Kritik äußern oder alle geben anonyme Zettel ab, nachdem Sie den Unterricht des Meisters genossen haben. Es gibt auch immer noch die Möglichkeit, nach der Prüfung so richtig vom Leder zu ziehen. Das hilft der Seele und den Nachfolgenden.

Was ich als Ausbilderin nicht leiden kann:
- ewiges Zuspätkommen;
- ausgeprägtes Schülerverhalten (Quatschen, Kichern etc.);
- schwerfällige Verhandlungen über den Termin des nächsten Unterrichtsbesuches. Manchen Leuten passt es überhaupt nie. Ihr Leben scheint aus Ausnahmen und Katastrophen zu bestehen. Hier überkommt mich – nach anfänglichem Mitleid – deutlicher Unwille immerzu Verständnis zu haben;
- die fortwährende Verwendung des Wortes „aber". Man macht einen Vorschlag nach dem anderen, aber nichts geht. Es kommt immer nur: „Ja, aber ..." Meine Bereitschaft, nach Lösungen für die Probleme dieser Kolleginnen zu suchen, lässt deutlich nach;
- kurzfristiges Absagen der Unterrichtsbesuche. Ich finde das einfach egozentrisch. Die Leute blockieren damit den Termin für andere und alle kommen unter Druck. Natürlich gibt es Gründe, einen Besuch abzusagen, aber Sie sollten diese Möglichkeit nicht zu sehr strapazieren;
- wenn die Kollegen in der Analyse allem und jedem die Schuld an einer miesen Stunde geben, aber ihren eigenen Anteil nicht sehen können;
- wenn mich jemand zu acht Uhr in seine 25 Kilometer weit entfernte Schule bestellt, wo entweder kein oder ein kaum lesbarer Entwurf und eine unvorbereitete Stunde auf mich warten. Wenn dieser Umstand dann noch nicht mal erklärt wird oder sich wiederholt, hilft auch keine Tasse Kaffee mehr, die mich sonst oft über manches hinwegtröstet;

- ständiges Anrufen, vor allem spät am Abend. Ich weiß, dass es sich hier meist um Notfälle und verzweifelte Zustände handelt, und ich kann auch gut akzeptieren, dass das manchmal wichtig und richtig ist – aber eben nur manchmal. Ansonsten ist es mir viel lieber, wenn ein Gesprächstermin im Seminar ausgemacht wird.

Konkrete Utopie ...
steht nicht in den Sternen

Das Desolate der deutschen Schule aus der Sicht einer altgedienten Lehrerin zusammenfassend aufzuzählen ist weder motivierend noch originell. Daher erlaube ich mir einen vielleicht diskussionswürdigen Blick nach vorne und stelle mir das Umfeld Lehrer und Schule zum Beispiel wie folgt vor:

1. *Es werden junge, gut ausgebildete Lehrer eingestellt.* Diese jungen Lehrer sind Profis, weil sie eine praxisorientierte Ausbildung mit engem Kontakt zu real existierenden Schulen genossen haben und nicht erst nach vielen Jahren der Theorie feststellen dürfen, dass ihnen dieser Beruf „nicht liegt". Ich begrüße Initiativen, wie die des Hamburger Lehrerinstituts (DIE ZEIT vom 16.2.04), die unsere Nachwuchspädagogen nach der Ausbildung (!) betreut und schult, weil sie für die Praxis schlecht gerüstet sind und man befürchten muss, dass sie angehende Frühpensionäre statt Profis werden – aber was für ein Armutszeugnis für die gängige 6- bis 9-jährige Ausbildung, was für eine Verschwendung von Geld, Energie und gutem Willen! Nehmen wir an, es setzten sich die Kräfte durch, die eine praxisorientierte Ausbildung befürworten, umso wichtiger ist es dann, diese jungen kompetenten Profis auch einzustellen – auch mit reduzierter Stundenzahl.

Wir brauchen Menschen mit innovativem Potenzial, anderem Denken und neuen Ideen – Menschen, die hinterfragen, was wir hier eigentlich die ganze Zeit machen.

Volkswirtschaftlich gesehen ist es sinnvoller, ihnen ihre Tätigkeit in der Schule zu bezahlen, als Umschulungsmaßnahmen zu finanzieren. Politisch gesehen kann es sich die Schule nicht leisten, nur noch im Saft der alten Hasen zu schmoren, während sich die Gesellschaft in atemberaubendem Tempo entwickelt. Menschlich empfinde ich es als ungerecht, wenn wir Älteren uns bis ins hohe Alter in die Schule schleppen müssen, während junge, bestens ausgebildete Kolleginnen und Kollegen – die oft voller Ideen und Engagement sind – in eine

Warteschleife mit ungewissem Ausgang geschickt werden. Auch den Schülern gegenüber ist es unverantwortlich, nur von einer Generation erzogen zu werden.

2. *Lehrer arbeiten im Team.* Das bedeutet, dass sie im Hinblick auf ihre grundsätzlichen pädagogischen Zielsetzungen und ihre zwischenmenschlichen Verhaltensweisen zusammenpassen müssen. Dies geht schlecht, wenn ein Schulamt bürokratisch die Einstellungen vornimmt. Die Schule selbst muss in Übereinstimmung mit ihrem Schulprogramm und ihrem Profil Einfluss auf die Zusammensetzung ihres Kollegiums haben. Lehrer besuchen sich regelmäßig im Unterricht. Dafür sind Stunden vorgesehen. Es geht nicht an, dass ein derart wichtiger Beruf ohne das geringste Korrektiv ausgeübt wird. Korrektiv bedeutet hier nicht Kontrolle, sondern Erfahrungsaustausch, Verständnis und Hilfe, offene Klassenräume, Transparenz und Diskussion statt „Biotope des Eigensinns" (Zitat eines mir nahe stehenden Menschen).

3. *Lehrer sind kompetente, selbstbewusste und mutige Mitglieder ihres Berufsstandes,* die darauf achten, dass der Beruf und das Tun der Lehrer nicht andauernd in Misskredit gelangen.

Sie vertreten informiert ihre Positionen, wissen, dass sie gute Arbeit machen, und lassen sich nicht von jeder kleinsten Unannehmlichkeit verunsichern und einschüchtern. Sie wissen, dass man ohne eigene Zivilcourage Jüngere nicht zu aufrechten Demokraten erziehen kann und wagen es – wie nicht nur Kant es schon vorgeschlagen hat –, ihren Verstand zu gebrauchen. Sie treiben die gesellschaftliche Wertediskussion mit voran, fordern Eigenverantwortung und Verantwortung für die Gemeinschaft bei Schülern und Eltern ein und geben auf Grund ihrer Sachkenntnis Anregungen, wie pädagogische Verantwortung durch andere Teile der Gesellschaft übernommen werden kann, d. h. was z. B. Eltern, Gesetzgeber und Firmen tun könnten und sollten. Resignativer akademischer Dünkel weicht professioneller pragmatischer Initiative. Lehrerinnen und Lehrer schränken ihr Klagen und Jammern ein und kommen „ihrer Pflicht zum Optimismus nach" – ich hoffe, dass ich hiermit Karl Popper nicht unrecht tue, aber wenn nicht die Lehrer, die unsere zukünftigen Visionäre erziehen sollen, dieser Pflicht nachkommen, wer denn dann? Sie entwerten nicht ihr eigenes Tun, indem sie sich schützend vor unfähige und faule Kolleginnen und Kollegen stellen und sich in falscher Solidarität üben, und auch nicht, indem sie den Schülern erklären, dass das, was gerade im Unterricht getan wird, nur gemacht wird, weil man es leider tun muss und man selber als Lehrer den Sinn auch nicht so richtig sähe. Bei der Ausbildung und Zulassung von Lehrern muss folgerichtig den personalen Kompetenzen ein erheblicher Stellenwert zugemessen werden.

4. *Lehrer bilden sich kontinuierlich fort* und werden in diesem Prozess von Verwaltung und Schulleitung unterstützt. Sie sind beweglich und flexibel, geben ein Beispiel für lebenslanges Lernen und sichern so die Qualität ihres täglichen Tuns. Es darf nicht mehr möglich sein, dass Kolleginnen und Kollegen zur unterrichtlichen Vorbereitung nur in den 20 Jahre alten Sammelhefter schauen, der sich jeglicher Evaluation entzogen hat – nach Möglichkeit an einer Schule, in der sie schon selber Schüler und Referendar waren und in deren Lehrerzimmer sie jahraus, jahrein denselben Stuhl drücken. Sie bilden sich nicht nur im inhaltlich-stofflichen Bereich fort, sondern auch im methodisch-didaktischen und im Bereich der neuen Medien. Wie können wir in dem zukünftigen Informationsdickicht als Moderatoren und Wertevermittler auftreten, wenn wir nicht wissen, wie die Technologie funktioniert und was sie bietet. Unsere Glaubwürdigkeit steht auf dem Spiel.

5. *Leistungsträger der Lehrerschaft werden gefördert und belohnt.* Kreative Innovationen orientieren sich unter anderem an Umfragen im Bereich der tatsächlich Unterrichtenden. Initiativen in den Schulen und Klassenräumen werden wertgeschätzt und unterstützt. Besondere Aufgaben konzeptioneller Art werden transparent ausgeschrieben. Es lohnt sich, ein guter Lehrer zu sein.

6. *Lehrer und Lehrerinnen, Schüler und Schülerinnen und deren Eltern identifizieren sich mit ihrer Schule,* die als modernes Haus des Lernens der gesamten Schulgemeinde offen steht und in die Umgebung hineinwirkt. Schüler und Eltern bringen sich in die schulische Arbeit ein und werden ernst genommen. Die Schule ihrerseits nimmt die Vermittlung von Schlüsselqualifikationen ernst, entzieht sich aber auch nicht der Aufgabe, gesellschaftliche Werte zu vermitteln, umzusetzen und Rollenvorbilder vorzuleben. Anwohner und Eltern haben die Möglichkeit, dieses Haus für abendliche Kurse zu nutzen, und wirken dadurch als Vorbilder. „Lernen in der Jugend" und „Lernen im Erwachsenenalter" werden verknüpft. Auch im Äußerlichen wird der Charakter des

Hauses sichtbar. An Wänden und Stellwänden werden die Facetten des Lernens und der Weg der Entscheidungsprozesse innerhalb der Schule sichtbar. Informationen werden allen zugänglich gemacht. Während im Augenblick die Wände in Fluren und Gemeinschaftsbereichen einiger Schulen genauso gut in einem schlecht geführten Altersheim angesiedelt sein könnten, sieht man hier, wie und was gelernt wird und welche Möglichkeiten der Kommunikation, der Mitwirkung und Information es gibt. Zu einem ordentlich geführten Haus des Lernens für Jung und Alt gehören selbstverständlich einwandfreie hygienische Bedingungen, wobei auch wichtig ist, dass sich das Putzteam mit seiner Schule identifiziert, was bei anonymen Putzkolonnen weniger der Fall ist.

7. *Schulen bereiten Schüler auf ihre Rolle als gebildete und verantwortungsbewusste Bürger des 21. Jahrhunderts vor.* Die Schulen gestalten ihr eigenes Profil. Dazu gehört die Möglichkeit, die Stundentafel zu verändern, Projekt- und Epochalunterricht zu ermöglichen und kompetenzorientierte jahrgangsübergreifende Kurse anzubieten. Zu einer derartig veränderten Unterrichtsorganisation gehört auch eine veränderte Lehrerrolle – vom Wissensvermittler zum Berater und Moderator – und eine veränderte Auffassung von Unterricht. Als Ausbilderin finde ich es schwierig, den jungen Lehrern klar zu machen, dass es um selbst organisiertes Lernen, um Handlungsorientierung und Projektunterricht geht, während andererseits die Vorstellung von gutem Unterricht zu oft noch so aussieht, dass innerhalb von 45 Minuten jahrgangsmäßig organisierte Unterabteilungen von Schülerkohorten nach dem vom Dompteur vorgefertigten Häppchen springen und das Drehbuch „Unterrichtsentwurf" mehr oder weniger reibungslos abgewickelt wird.

8. *Heterogenität und Unterschiedlichkeit werden nicht nur als unvermeidliches Übel toleriert, sondern als wünschenswert gefördert.* Wir hören endlich auf, noch immer weitere Schubladen einzurichten, um Kinder und Jugendliche einzutüten. Wir nehmen Abschied vom geheimen deutschen Lehrertraum: Alle sind gleich und machen auf mein Kommando, was ich sage! Jeder, der nur ansatzweise Binnendifferenzierung durchgeführt hat, weiß, dass die Schere bei einem guten Unterricht immer weiter auseinander geht. Wenn wir alle gleich gut fördern, wird sich ihr Wissen und ihr Können trotzdem unterschiedlich entwickeln. Ja, die Unterschiede werden immer größer. Aber ist das ein Nachteil? Wir werden nicht noch weitere Häuser und Gruppen eröffnen, um die Wissenden von den Etwas-Wissenden und den Unwissenden zu trennen. Wir nutzen die Ressourcen der Gruppe für alle, damit wir wie Schulen in anderen Ländern sagen können: „We celebrate difference!" (Jahresheft Friedrich Verlag 2004, „Heterogenität", S. 79)

9. *Schulen nutzen die freien Kapazitäten anderer Menschen.* Ich meine damit Eltern, Verwandte und Bewohner des Einzugsbereiches. In englischen Grundschulen helfen Opas und Omas beim Lesenlernen, betreuen schwierige Schüler, stricken und malen mit den Kindern und reparieren CD-Player. Warum kann das nicht ein allgemeines Prinzip sein? Viele Menschen haben viel Freizeit, einige sind arbeitslos. Fähigkeiten und guter Wille bleiben ungenutzt in einem Feld, in dem menschliches Miteinander so wichtig ist. Es geht darum, die Kapazitäten einer Freizeitgesellschaft für die Jugend zu nutzen. Wie sollen Toleranz und Verständnis entwickelt werden, wenn – trotz kommunikativer Vernetzung – die sozialen Bereiche voneinander getrennt bleiben, alle in „ihren Schubladen sitzen bleiben" und die einen den anderen etwas neiden, von dem sie gar nicht so genau wissen, was es ist. Meckernde Mütter (die gerade in den Grundschulen oft den Kolleginnen das Leben schwer machen) könnten sich in engagierte Mitstreiterinnen und Säulen einer Schule verwandeln, würde man sie in Lehr- und Lernprozesse einbinden. Jetzt lassen wir sie meist nur Milch und Kakao verteilen. Die Bereitschaft ist mit Sicherheit da. Man muss sie nur noch schuladäquat nutzen. Nach einer Berliner Umfrage sind ca. 60 Prozent der Bevölkerung bereit, ehrenamtlich zu arbeiten. In einer Berliner Grundschule arbeiten ehrenamtliche Lesepaten, die von sich sagen, dass sie selber einen großen Gewinn aus dieser Tätigkeit ziehen.

Dies bedeutet nicht, dass Lehrerstellen gespart werden. Es bedeutet zusätzliches menschliches Miteinander – zum einen Hilfestellung für eine junge Generation, die unter einem Mangel an Werten, Wärme und Geborgenheit leidet, zum anderen Wertschätzungen der Menschen, die Zuwendung und Erfahrung geben wollen und können, die aber oft allein bleiben, weil angeblich keiner sie braucht.

10. *Der rechtliche Rahmen für Schulen und Lehrer wird verändert und erweitert.* Es ist möglich und wünschenswert, dass Eltern kleine Gruppen betreuen und mit ihnen allgemeine und spezielle Fertigkeiten üben, dass sie Kinder in Autos an Lernorte transportieren können, dass Räume der Schule für private Zwecke vermietet werden können (um aus den Gewinnen zum Beispiel Putzdienste zu bezahlen). Es ist möglich, dass aus gesundheitlichen Gründen frühpensionierte Kollegen Dienste in der Schule wahrnehmen, die z. B. keine Schülerkontakte erfordern. Es wird kreativ nach Möglichkeiten der Entlastung für die unterrichtenden Lehrer und Förderung einzelner Schülergruppen gesucht. Wir tolerieren nicht mehr, dass in unserem Land alles aus versicherungs- und beamtenrechtlichen Gründen „nicht geht!" Warum geht es in anderen Ländern?

11. *Lehrer, die sich den Anforderungen nicht oder nicht mehr gewachsen fühlen, haben die Wahl unter mehreren Möglichkeiten.* Sie können sich an ausgebildete kompetente Personen wenden, die ihnen weiterhelfen. Supervisionen und Beratungen werden kostenlos und diskret zur Verfügung gestellt. Statt – hilflos! – den Weg in die Frühpensionierung oder in die Krankheit anzutreten, werden ausgebrannten, erschöpften und ratlosen Lehrerinnen und Lehrern Wege eröffnet, einen für alle unbefriedigenden Zustand zu ändern. Ähnliches wie die Hamburger „Austauschgruppe" für entnervte Junglehrer (DIE ZEIT, s. o.) wird unter fachkundiger Leitung allen Lehrkräften in allen Bundesländern kostenlos angeboten. Es werden auch Möglichkeiten beruflicher Umorientierung eröffnet. Ein Beruf mit derartig hohen Anforderungen im persönlich-psychischen Bereich darf keine Sackgasse sein. Es ist weder menschlich noch ökonomisch zu vertreten, dass die Kollegen allein gelassen werden und nur noch der Weg in Kliniken für psychosomatisch Kranke bleibt.

Ist aber der Weg des Ausstiegs aus guten Gründen beschritten worden, spricht nichts dagegen, dass frühpensionierte Lehrerinnen Klassenarbeiten korrigieren, dass sie Material entwickeln, dass sie in den durch Personalmangel teilweise geschlossenen Bibliotheken Bücher ausleihen, einzelne Schüler betreuen, Stunden- und Vertretungspläne erstellen, in Ämtern Anträge bearbeiten etc., so wie es schwangere Kolleginnen zum Teil im so genannten Innendienst machen. Für die voll arbeitenden Kollegen wäre das eine große Hilfe und die Betroffenen würden das vielleicht sogar lieber machen, als zu Hause sitzen. Es gibt ja noch nicht mal Angebote für sie! Es gibt nur „alles oder nichts". Wie kann der Staat es sich leisten, mit Energien und Kompetenzen so umzugehen? Das Gleiche könnte für ältere Lehrerinnen und Lehrer gelten: Statt immer vor der Klasse zu stehen, könnten sie einen Teil ihrer Stunden mit anderen Tätigkeiten verbringen. Viele würden so wesentlich gesünder in ihr Pensionsalter hineingleiten – wobei sie dann auch nicht unbedingt mit 65 Jahren den Löffel fallen lassen müssten, sondern durchaus noch Betreuungs-, Beratungs- und Organisationsaufgaben übernehmen könnten. Junge Kolleginnen und Kollegen könnten die frei gewordenen Unterrichtsstunden übernehmen und so in ihren Beruf hineinfinden.

12. *Schulen haben Partner in anderen Bereichen des öffentlichen Lebens.* Ich verstehe darunter: Wirtschaft, Wissenschaft, Forschung, Institute, Freiberufler. Bisher finden Kontakte nur während des Betriebspraktikums (und dann auch nur einseitig) statt. Die Schule soll nicht nur in die Welt gehen, sondern die Welt auch in die Schule kommen: regelmäßig und mit der Verantwortung einer Patentante. Unserem Bild in der Öffentlichkeit könnte das nur dienlich sein. Fairerweise muss man sagen, dass die meisten Leute keine Ahnung haben, was wir tagtäglich in den Schulen leisten, weil sie es eben auch nie sehen und schon gar nicht Funktionen in den ablaufenden Prozessen übernehmen können. So oft denken wir über irgendwelche Schulkritiker: „Die müssten mal eine Woche meinen G-Kurs erleben!" Tatsache ist aber: Wir lassen sie nicht herein!

13. *Schulleitungen, erweiterte Schulleitungen und Fachbereichsleitungen entwickeln ihre Führungs- und Fürsorgequalitäten* und leisten – unterstützt von einer kompetenten Schulverwaltung – ihren Beitrag dazu, dass Lehrer professionell und informiert handeln können. Sie kümmern sich – auch unter Hinzuziehung außerschulischer Moderatoren und Mediatoren – um eine Personalentwicklung, die sowohl den besonderen Interessen ihrer Schule als auch den individuellen Bedürfnissen, Wünschen und Nöten der Kollegen Rechnung trägt. Sie werden nicht mehr ausschließlich danach ausgewählt, ob sie selber guten Unterricht machen können, eine Stunde beurteilen können und das Schulrecht kennen, sondern auch bei ihrer Benennung geht es um den Nachweis personaler Kompetenzen, d. h. um Führungsqualitäten. Dasselbe gilt für die Mitglieder der Schulaufsicht, die sich im Bereich der Fürsorge hervorragend profilieren könnten. Ziel der Schulleitungen sind Kollegien, die gerne und zufrieden an ihrer Schule arbeiten, weil sie dort Wertschätzung, Förderung und Unterstützung erfahren.

14. *Die Gesellschaft übernimmt durch oben beschriebene persönliche Kontakte Verantwortung für die Ausbildung in den Schulen und für die Zeit danach.* Mehr oder weniger Verantwortung äußert sich heute fast ausschließlich in Haushaltsplänen, deren Veränderungen bar jeder Fantasie und Kreativität sind. Es geht um Stellenstopps und Aufhebung von Stellenstopps, um Lehrmittelfreiheit und deren Aufhebung, Kosten werden von einem Etat in den anderen verschoben, aber es geht nicht um veränderte Prozesse und veränderte Rollen. Das kann nicht so bleiben! Großbetriebe könnten zum Beispiel ein festes Kontingent an längerfristigen Praktikumstellen für Schulabgänger anbieten, Rentner und Pensionäre Kurse zur Erlangung eines höheren Schulabschlusses durchführen. Gesetze, die das behindern, müssen geändert werden. Diejenigen, die in dieser Gesellschaft etwas haben, können es sich nicht leisten, eine Jugend aufwachsen zu lassen, die zu einem zu großen Teil gar nichts hat, sonst werden sie sich bald vor dieser Jugend schützen müssen.

15. *Die Gesellschaft setzt Prioritäten, um den sozialen Frieden nicht zu gefährden.* Einsparungen werden nicht linear vollzogen. Man kann eine Weile über Straßen voller Schlaglöcher fahren, ohne seine Zukunft zu gefährden. Man kann aber nicht ungestraft einen Teil der jungen Leute ohne Perspektiven und Chancen in die Zukunft schicken.

Schlussbemerkung

Nach Abschluss dieses Buches noch ein Wort in eigener Sache. Ich möchte hier besonders die jungen, intelligenten, optimistischen und selbstbewussten Männer ansprechen: Werden Sie Grundschullehrer. Werden Sie Rollenvorbild für die vielen kleinen Jungen, die sowohl zu Hause als auch in der Schule nur von Frauen erzogen werden und die in dem Bewusstsein aufwachsen, dass gutes Benehmen, Schreiben und Lesen und Bücher „Frauensache" sind. Kämpfen Sie darum, dass sich die gesellschaftliche Wertepyramide ändert und die frühe Erziehung, in der die Weichen gestellt werden, einen höheren Stellenwert erhält. Dies muss sich auch in der Bezahlung und im gesellschaftlichen Status äußern.

Hiermit komme ich zum Ende. Ich hoffe, Sie haben den einen oder anderen Satz gefunden, der für Sie wichtig war, Sie erheitert, Ihnen Mut gemacht oder andere Perspektiven aufgezeigt hat.

Jetzt sind Sie dran!

Ich wünsche mir, dass Sie zu unseren Hoffnungsträgern gehören, zu denen, die unsere Schule gestalten und verändern werden, und wünsche Ihnen in diesem schwierigen aber spannenden Beruf von Herzen viel Erfolg.

Nachwort zur erweiterten Neuausgabe

Seit der Erstausgabe dieses Ratgebers Mitte der 90er Jahre hat sich die Bildungsdiskussion sehr verändert. Die PISA-Erschütterung bestätigte Ansätze, konkretisierte aber auch Zweifel und Fehlentwicklungen. Die Politik des föderativen Instruments in der Bundesrepublik, der Kultusministerkonferenz, dämpfte den ersten Aufschrei bereits erheblich. Einheitliche Leistungsstandards für die Schulen der Bundesrepublik, Ganztagsschulen insbesondere im Grundschulalter, Verstärkung des Schulerfolges unabhängig von der sozialen Herkunft der Schüler werden als Konsequenz gefordert, aber bitte ohne Auswirkungen auf das gegliederte deutsche Schulsystem, um – wie häufig betont – die pädagogischen Leidenschaften der 70er Jahre nicht noch einmal zu wecken! Interessanterweise wird diese Position sowohl von den so genannten A- wie B-Ländern in der KMK gehalten.

Ein umfassender Entwurf, vielleicht sogar ein radikaler Neuanfang für Bildung in Familie, Kindergarten, Schule und Hochschule entwickelte sich nicht. Die Begeisterung, der Enthusiasmus der Reformphase in der zweiten Hälfte des 20. Jahrhunderts konnte bislang nicht wiederholt werden. Enttäuschungen über dabei gewonnene politische und pädagogische Erfahrungen und auch eine überalterte Lehrerschaft tragen anscheinend dazu bei, dass die nun breit zu begründende und überprüft belegbare Reform des Bildungswesens in unserem Lande nicht das Herz bekommt, ebenjene Begeisterung, jenen Mut zum Wagnis und jene Anregung zu beglückendem eigenem Tun, die für Reformbewegungen nun einmal unabdingbar sind.

Sollten jedoch Standardermittlungen den unvergänglichen pädagogischen Auftrag des Anregens, Helfens, Ermutigens von Lernenden einschränken, weil sie dem Messen und Bewerten von Leistungen höhere Bedeutung beimessen als den zu verbessernden Unterrichts- und Erziehungswegen, dann entbehren diese Anstrengungen des Maßstabes, für den sie angetreten sind. Wie Hartmut von Hentig anlässlich der Verleihung des Eugen-Kogon-Preises kürzlich zutreffend formulierte: „Lernen geht nach dem Maß der einzelnen Person vor sich; Berechtigungen werden nach allgemeiner Norm verteilt. In der Bildung hat Freiheit vor Ordnung zu gehen, und die Ordnung, die die Bildungseinrichtung braucht, muss beweglich sein. Die Schule darf keine *Evaluierungsfestung* werden."

Die von *Ulrike Handke* nun vorgelegte zweite Ausgabe des Ratgebers für junge Lehrerinnen und Lehrer wurde erweitert, nimmt aktuelle Fragen und auch Nöte auf, vermittelt beim Versuch, das Händchen zu halten, Hinweise, um Anfangsfehler zu vermeiden. Eine subjektive Mitteilung, natürlich, doch nach drei Jahrzehnten Schulpraxis und einem halben Jahrzehnt fachlicher Beratung der Regierung Neuseelands durch die Autorin nun auch schon fast global geprüfte Ratschläge, für die nach Meinung des Verlages unverkennbar Bedarf besteht.

Basics, erheiternd und Mut machend für die nächste Generation von Schulpädagogen, Schule konkret zu realisieren, didaktisch zu sichern und damit Reformen gekonnter zu vollziehen.

Frei nach Immanuel Kant in seinem 200. Todesjahr: „... um viel Nutzen vom Lesen zu haben, muss man wenig und gut lesen ...". Ulrike Handkes Mutmacher wird auch diesmal wieder verstanden werden!

Professor Ulrich Johannes Kledzik OBE   Berlin, im Februar 2004
HonFCP, Berliner Schulpädagoge

Register

Absprachen 129
Achtung 39, 70, 75
Aggression 65, 114
Akzeptanz 125
anbiedern 24
Anerkennung 36
Anfang 16 ff.
Angst 40, 43, 77, 97, 114, 120
anleitende Lehrer 18
Apathie 120
Arbeitsanweisungen 125
Arbeitstechniken 63, 81
Arbeitsverhalten 105
Arbeitsverweigerung 66
Arroganz, akademische 48
Ausbilder 142 ff.
ausgebrannt 152
Außenkreis 63
Äußeres 87
Ausstrahlung 74
authentisch 54

Bedürftigkeit 52, 53
belastbar 136
Belastung 34, 96
Benimm-Kurse 46
Beratung 108, 152
Beta-Tier 22
Beurteilung 29, 138
Bewegung 106
Bewertung 111
Binnendifferenzierung 71, 100

Chaos 50, 54
Checkliste 21

deduktiv 62
Demonstrationen 126
depressiv 35, 47
didaktische Reduktion 60, 64
Direktheit 42, 137
Disziplinprobleme 66, 80, 97 ff.
Doppelkreis 65
Doppelsteckung 37, 134
Drogenbeauftragte 108

ehrenamtlich 151
eigenverantwortlich 119
Eltern 110 ff.
Empfindlichkeiten 129
Entlastung 66, 81, 152
Erfolg 66, 101, 102
Erschöpfung 91
Erwartungshorizont 68
EVA 65

Fachkompetenz 53
Fantasiereise 87
Feedback 102, 127
First things first 86
Flexibilität 43
Förderung 154
Fortbildung 149
Fotokopierer 17
Freude 101, 127
Frühpensionäre 147, 152
Frustration 45
Führungs- /Fürsorgequalitäten 153
Führungsrolle 53, 56
Fundus 139
Fürsorgepflicht 92, 137
Fürst 28
Furz 81

ganzheitliche Lernmethode 98
Gardner, Howard 62
Gemeinschaft 148
Gesichtsverlust 107
Gesprächsführung 117
Gewohnheitstiere 70
good employer 92

Handlungsorientierung 71, 150
Haus des Lernens 149
Hemmung 29
Herrschaftswissen 22
Heterogenität 150
Hilfe 108, 136
Hilflosigkeit 47, 113
Hörauftrag 69
Hospitieren 26 ff.
Hypothesenbildung 62

Ideen 131 ff.
Identifikation 149
ignorieren 82
Impulse 126
induktiv 62
Informationen 150
Informationsflut 24
Informationsmenge 43
Inhalt 57 ff.
Innenkreis 63
Innovation 149
Intelligenz, multiple 62
Intention 64
introvertiert 50
Ist-Zustand 67

kognitive Dissonanz 62
Komik 84
Kommunikation 50, 72, 120, 139
Kompetenz, methodische 53
Kompetenz, personale 149, 153
Kompetenz, soziale und kommunikative 63
Konflikt 50, 72, 77, 78, 81, 82, 117,
Konkurrenz 32
Konzentrationsphase 102
Konzept 122
Kooperation 137
Körpergeruch 88
Körpersprache 74
korrigieren 83
krank 89 ff.
Krisen 92
Kulturschockkurve 89

Langeweile 30
Laufdiktat 107, 127
Lehrerpersönlichkeit 47 ff.
Lehrerrolle 24, 52 ff., 150
Lehrerzimmer 12
Leistungsträger 149
Lernbüfetts 124
Lerndisposition 62
Lerner, autonomer 63
Lerngegenstand 58
Lernkulturen 75
Lernprozess 63, 66
Lernpsychologie 62

Lernstrategie 63
Lerntechnik 81
Lerntempo 100
Lerntypen 62, 98
Lernvoraussetzungen 61
Lesepaten 151

Materialsammlung 133
Medien 57, 61, 64
Mehrarbeit 34, 36
Mental Health Day 94
Mentoren 32 ff.
Merkheft 125
Methoden 57, 61, 62 64, 65
Meyer, Hilbert 65
Midlifecrisis 15
Misserfolgserlebnis 101
Missgunst 32, 95
Missverständnis 118, 123
Mitarbeitspunkte 140
Mitteilungsheft 116
Modelllerner 126
Moderator 153
Motivation 62, 64, 101, 127

Naivität 48
Namen 22, 82
negativ 25, 106
Netzwerk 23, 96
Neue Medien 149
NLP 131
Notenfindung 66

Offenheit 40, 137
Optimismus 148

Pause 18, 78
Pausenvorbereitung 127
Perfektionist 50, 83
Performanz 68
Personalentwicklung 153
Personalmangel 152
Phasen 67
PISA 75
Pläne 123
Planung 80
Polizei 109
positive Verstärkung 31, 98, 101, 125

159

Präsenz 72 ff.
Praxisschock 22, 40
Privates 103, 118
Profis 147
Projekt-/Epochalunterricht 150
PSE 65
Pubertierende 15

Qualität 149

Rahmenplan 60
Rat 136
rechtlicher, Rahmen 151
Relevanz 58
Ressourcen 151
Rituale 105, 127
Rollenkonflikt 80
Rollenvorbild 149
sachstruktureller Entwicklungsstand 61

Schlüsselkompetenzen 63, 149
Schritt für Schritt 69
Schulaufsicht 153
schüleraktivierende Methode 81
Schülerbeschimpfungen 54
Schülerorientierung 63, 67, 68
Schulleitung 134
Schulversager 101
Schwierigkeitsgrad 101
Selbstdarstellung 50
Selbsthilfegruppen 23
Selbstkontrolle 100
Selbstorganisation 24, 71, 129
selbstständig 81
Selbstzweifel 22, 91
Selektion 14
Seminar 22
Sicherheitsnetze 69
Sicherungsphase 67
Sitzordnung 80, 82
Sitzpläne 22
SOL 65
Solidarität, falsche 148
Souveränität 42, 137
Sozialform 63
Spaß 53, 84

Spiegel 44
Stationenlernen 124
Stoffpläne 43
Stress 66, 77 ff.
Struktur 54
Stundentafel 150
Suggestopädie 131

Therapie 94
Toilette 140
Training, mentales 86
Transparenz 118 ff., 148

überleben 86
Umgangsform 125, 138, 141
Unterhaltungswert 25
Unterrichtsbesuch 145
Unterrichtsrezepte 131
Unterstützung 115, 154

Verantwortung 148
Verhalten 72, 98, 108, 112, 124
Vertrag 54, 104
Vertretungen 134 ff., 139
Verwahrlosung 112
verwöhnt 44, 112
Viersatz, didaktischer 63
45-Minuten-Rhythmus 71
Vorbereitung 70
Vorführstunde 29, 37, 48
Vortrag 68

Werte 43, 45
Wertschätzung 149, 154
Wiederholung 66
Wochenpläne 138
Worst Case 87

Zaubersprüche 31
Zeitgeist 43, 45
Zeitmanagement 126
Zensurenlisten 111
Ziel 64, 69, 101, 123
Zielorientiertheit 43
Zivilcourage 148
Zuwendung 103
Zwickmühle 137, 142
Zynische 35